テーマ別

仲間とわいわい学ぶ

日本語

教師用マニュアル

基礎づくりから自立まで

Kameda Miho
亀田美保

KENKYUSHA

目　次

『テーマ別　仲間とわいわい学ぶ日本語』を使ってくださるみなさまへ

Ⅰ.『テーマ別　仲間とわいわい学ぶ日本語』の基本的な考え

　日本語を学ぶ教室には、いろいろな人々が集まります。出身国・地域、言語、文化、学習目的、年齢、性別、興味・関心、経験、宗教、政治的立場、考え方など、背景はみんな違います。けれども、いつのまにかそれらの違いを超えて同じクラスの仲間になっていきます。それはどうしてでしょうか。もちろん、同じ場所・時間・経験を共有することにもよりますが、日本語という外国語を使って、真剣にやり取りを重ねたからにほかなりません。そのやり取りの過程で、一人ひとりのクラスメートに対する理解が深まり、関心が芽生え、葛藤や調整を経て、少しずつ関係が作られていきます。日本語学習の場では正に「ことば」を使って「ことば」を磨きながら、人との関係が築かれています。そのような場にかかわる喜びに支えられ、多くの先生方は日々授業づくりに励んでおられるのではないでしょうか。

　この教材には、『テーマ別　仲間とわいわい学ぶ日本語』というタイトルをつけました。ここに並ぶ五つの単語それぞれに著者の思いが表されています。それは以下のようなものです。

- ・テーマ別：身近な社会的・文化的な話題をテーマとして提供し、ともに考え、理解し合い、より良いあり方を探るきっかけにしてほしい。
- ・仲間と：出会った人と良好な関係を築き、違いだけでなく、同じであることも感じてほしい。そして、学習を自分だけで進めるのでなく、ともに学び合うことを大切にしてほしい。
- ・わいわい：教室の中で、わいわいと活発に情報・意見の交換をし、協同して活動を進めてほしい。
- ・学ぶ：テーマに関する情報・意見の交換を通して、多くの気づきや発見をしてほしい。
- ・日本語：日本語力を高め、人とのやり取りに自信を持ってほしい。

　この教材では、教室を「リアルな出会いの場」、「学び合いのコミュニティ」ととらえ、その場に集う一人ひとりの「ことば」が、内から発せられる本物であることがとても重要だと考えています。そして、その本物の「ことば」を引き出すために、協同学習による情報・意見の交換を活動としました。「ことば」の使用は、「レストランで注文する」「薬局で症状を説明し、必要な薬を買う」などのように生活上の行動だけでなく、知的な交流そのものを支えます。この

教材を使ってくださる学習者は、より高度な日本語力を身につけ、進学や就職に備える人々です。彼らの活躍の場では、日常的に情報・意見の交換が行われるとともに、専門分野の研究や企業における経済活動を支えるための「ことば」の使用が求められます。この教材がそうした「ことば」の使用の基礎をつくるのに役に立てば、とてもうれしいことです。

2．この教材の特長
①テーマの設定

　各課にテーマを設定し、〈読みましょう〉〈聞きましょう〉〈音読しましょう〉で、テーマのとらえ方を紹介しています。〈読みましょう〉ではより一般的なとらえ方、〈聞きましょう〉〈音読しましょう〉では個別のとらえ方が示されています。テーマとして選んだのは、どの国・地域の学習者も、あるコミュニティで暮らす中で一度は考えてみたことがあるような身近な社会的・文化的なものです。特に、この教材では、雑談風に気軽に話せるテーマが選ばれています。

②基礎段階（A2⁺）から自立の段階（B1）へ

　令和3年10月12日、文化審議会国語分科会は、「日本語教育の参照枠　報告」を公開しました。これは、2001年に欧州評議会により公開されたCEFR（Common European Framework of Reference for Languages: Learning, teaching, assessment）およびJF日本語教育スタンダード（2010年，独立行政法人国際交流基金）の概念や枠組みを踏襲するもので、国内外に多様な日本語学習の場が求められる中、「日本語教育に関わる全ての人が日本語の学習・教育などに関して参照する枠組み」（P5）として開発されました。ここでは、学習者の日本語使用を「A：基礎段階の言語使用者」「B：自立した言語使用者」「C：熟達した言語使用者」と三つの段階に分けています。この教材が対象とする学習者は、基礎段階の学習が一通り終わり、やり取りの相手から協力や補助を受けていた段階からことばの使用を質的に高め、少しずつ自立へ向かう移行期の学習者です。この移行の過程では、これまでの学習を定着させ、新規学習項目を制限して、繰り返し使用の機会を設けることが効果的であると考えます。言語知識（語彙・表現）の拡充とともに、テーマに沿った情報・意見の交換を行う発信型の活動によって着実に力を伸ばすことができます。

③既習項目と新規学習項目の明確化

　この教材では、〈覚えましょう〉と〈使いましょう〉で提出される語彙と表現を新規学習項目として練習します。それ以外の練習箇所は、すべて既習の語彙・表現が使われており、その限られた語彙・表現が繰り返し、現れます。学習者

は新しい語彙・表現に注目して意味や使い方を学ぶことができ、予習・復習の対象も明確になります。一方で、「読む」「聞く」「話す」「書く」の技能別活動の際には、語彙・表現を気にすることなく、活動を進めることができます。さらに、教室での情報・意見の交換にも、繰り返し既習の語彙・表現が使用されますので、言語知識が徐々に使用可能な「ことば」として身につきます。

④繰り返しの効果による４技能の着実な向上

　この教材の目的は、言語知識を理解し、使ってみることではなく、テーマに沿った一定の文脈を伴う「ことば」を理解し、発信することがねらいです。そのため、テーマと関連づけた内容で、４技能（聞く・読む・話す・書く）の練習を設けています。それぞれの練習の中で、テーマに関するいくつかのとらえ方が示され、学習者はテーマとの関連を考えつつ４技能を磨き、課の最後には自分自身の考えを整理し、発信できるようになります。

３．学習目標とその達成のために必要な能力

　この教材で学ぶ学習者は、基礎段階の学習を一通り終え、日常生活の一般的な場面で必要なやり取りができる、自分自身のことや身近で起こった出来事の説明ができ、意見や感想を簡単に述べることができる段階にあります。そして、これらの力をさらに質的に高めることがこの教材の目標です。すなわち、学習目標は次の二つです。

❶身近な話題に関する出来事・経験・意見・感想などを、例や理由を示してわかりやすく伝えることができること

❷身近な話題に関して、異なる考えを持つ相手とも、興味・関心を持って情報や意見の交換ができること

　学習目標❶は、自らの考えがより正確に伝わるよう、構造化されたまとまりのある文で伝えること、学習目標❷は、教室を「学び合いのコミュニティ」とみなし、リアルな情報・意見交換を進める際に、ともに学習する仲間に対して興味・関心を持って対話し、それを自らの学びとして受け入れる態度、そして、協同的に学習を進める方法を身につけることです。さらに、この目標に到達するために、学習の過程で以下のような技能を伸ばしたいと考えています。

　学習目標❶：

　　・言語知識（漢字・語彙・文法）の使用・拡張

　　・言語運用能力（談話構成、流暢さ、正確さ）

　　・初歩的なアカデミック・スキル（情報検索・ノート取り・要約・発表等）

　高度な日本語力を身につけるためには、言語知識の使用・拡張は不可欠です。

この教材は、基礎段階から自立した段階への移行を支えるもので、新たに示す言語知識の量を抑えています。その分、言語運用能力に学習者の注意を向けながら学習を進めていただくといいでしょう。また、ノート取りや情報検索などのアカデミック・スキルを、必要に応じて練習や活動の中に取り込んでいくことをお勧めします。

　　学習目標❷：
　　　　・言語活動ストラテジー
　　　　・社会言語能力
　　　　・協同的な学びの態度・方法
　　　　・自律的な学びの態度・方法

　これらの能力は一見言語学習の外にあるかのようですが、言語の使用によって活性化され、言語使用の目的となる活動を適切かつ円滑に進め、完了させるために必要な能力と言えるでしょう。これらの能力を学習者に意識づけたり、能力として評価項目に取り入れることはこれまで厳密には行われてこなかったかもしれません。〈わいわい話しましょう〉では協同学習のルールを明確にし、学習者に自分自身の参加・協力・貢献度を振り返ってもらうなど、活動内容に応じて意識づけたい能力を事前に示し、事後に自己評価を通じて内省してもらうなどの方法で評価を行うこと、そして、そうした意識づけの機会を繰り返し設けることをお勧めします。

4．各課練習の構成・ねらい・進め方

　この教材は全 12 課からなり、各課は以下のような練習で構成されています。

❶課のテーマ

　　各課のタイトルがその課のテーマとなっています。

　テーマのとらえ方や授業での展開については、各課の解説で詳しく述べました。まず、この課で学ぶことで目標を確認し、〈いっしょに考えましょう〉でテーマの導入を行います。そして、主に〈読みましょう〉でテーマの概要が紹介されています。また、〈聞きましょう〉〈音読しましょう〉で個別の事例ともいえる一側面が示され、〈わいわい話しましょう〉でテーマに関する情報・意見交換を行います。最後に、学習者自身の考えを整理し、〈書きましょう〉にまとめます。

❷ この課で学ぶこと

　　課の目標が説明されています。

テーマに関する情報・意見交換が目標となっています。〈わいわい話しましょう〉の活動でその達成度を測ります。パフォーマンス評価や自己評価など有効な評価法を選び、事前に学習者と共有しておくことをお勧めします。

❸ 覚えましょう

課の新語が本文の提出順に並べられています。

『1万語語彙分類集』（専門教育出版）Cレベルの語を既習とみなし、それ以外の語を新出語としました。また、名詞で「スル動詞」としても使われる語は「変化スル」、副詞・動詞ともなる語は「ふわふわ（と）スル」、ナ形容詞（形容動詞）は「意外ナ・ニ」のように示しました。各課に20語前後、1〜12課で合計232語を取り上げており、漢字で書かれたすべての語にふりがなをつけました。〈読みましょう〉の前に時間を設け、あらかじめ文を作るなどの練習をしておくといいでしょう。また、必要に応じてテーマに関連する語を補足していただくといいでしょう。さらに、学習者にとっては、ここで取り上げなかった語でも〈読みましょう〉そのほかの練習中に未習だと思われる語があるかもしれません。そうした語についても確認していただくといいでしょう。各課の解説でいくつかの語を取り上げ、留意点などを示しましたので、ご参照ください。

❹ いっしょに考えましょう

課のテーマを導入するための質問が三つほどあります。

テーマを導入することがねらいです。テーマに関して学習者が持っている知識や体験を教師・学習者双方で共有する機会となればいいでしょう。ここに示した質問以外にも話題を広げ、話し合ってみましょう。また、各課の解説でテーマの説明や展開について詳しく述べましたので、ご参照ください。

❺ 読みましょう

課のテーマを紹介する文（1-3課500字前後、4-9課600字前後、10-12課700字前後）を読みます。なお、課の新出・読み替え漢字を含む語にはふりがながつけてあります。

テーマの概要を紹介する内容になっており、読解力を高める、語や表現の使い方を文脈の中で示すといったねらいもあります。授業で〈読みましょう〉を行う際には、語や表現の確認や解説ではなく、内容を読み取り、学習者自身の知識や体験と関連づけて理解してもらうことを目標とし、最後に感想や

意見を聞く機会を設けるといいでしょう。各課の解説でテーマの説明や展開について詳しく述べましたので、ご参照ください。なお、各課〈読みましょう〉の音声は、研究社 HP（https://www.kenkyusha.co.jp/）より無料でダウンロードすることができます（→ページ下部参照）。

❻ 答えましょう

〈読みましょう〉の内容を確認する質問が五つあります。

〈読みましょう〉の内容がその通りに理解されているかを確認するための質問です。授業で行う際は、読解後、まず本を閉じてもらい、文を見ないようにして口頭で一問一答となるような簡単な質問を重ね、文を再構築します。細かな情報の確認からここで筆者が問うている要点に関する質問および学習者自身の考えを尋ねる質問までできるといいでしょう。口頭での練習の後で〈答えましょう〉を開き、ペアで応答練習をしたり、書いて確認したりすると、さらに効果的です。宿題などにする場合は、必要に応じて質問の数を増やしてもいいでしょう。各課の解説で解答例を示しましたので、ご参照ください。

❼ 使いましょう

各課四つの表現が示されており、それら表現を使った文を作る練習をします。

ここで取り上げた表現は、既存の初級教材後半に多く提出されるもので、定着・運用に時間を要すると判断されたものを中心に集めました。〈読みましょう〉の前に時間を設け、あらかじめ文を作るなどの練習をしておくといいでしょう。各課の解説で各表現に関する留意点と解答例となる例文を示しましたので、ご参照ください。

❽ 聞きましょう

二人の人物の会話を聞いて、質問に答えます。

二人の人物が 4 ～6.5 ターン（往復）話している会話を聞きます。まず、リード部分でどんな人物が何について話しているかを確認します。次に、メ

モを取るよう指示し、音声を2回聞きます。その後、内容を尋ねる質問を聞き、四つの選択肢から内容と合うものを選びます。最後に答え合わせをしますが、その前に口頭で内容確認のための簡単なQA（一問一答）をしておき、その答えをメモのように板書しておくと、答え合わせがスムーズに進むでしょう。内容はテーマに関する個別の事例で、一つのとらえ方を示しています。ここでも、学習者の感想や意見を聞く機会を設けるといいでしょう。各課の解説で会話と質問のスクリプトおよび解答を示しましたので、ご参照ください。なお、各課〈聞きましょう〉の音声は、研究社HP（https://www.kenkyusha.co.jp/）より無料でダウンロードすることができます（→p6参照）。

❾ 音読しましょう

〈聞きましょう〉の内容がひらがなとカタカナで書かれています。音読し、意味を理解したうえで、漢字かな交じり文に書き直します。

〈聞きましょう〉の会話の内容を説明した文がひらがなとカタカナで書かれています。まず、2〜3回声に出して読みます（音読）。そのうえで、口頭で内容確認のための簡単なQA（一問一答）をします。内容を理解した後、ひらがな・カタカナの文を漢字かな交じりの文に書き換えます。このとき、学習者ができる範囲でできるだけ多く漢字を使うことを勧めましょう。教材には手書きで文を書き換えるためのスペースが設けてありますが、タイピングによりデジタル文書に入力してもいいでしょう。漢字かな交じり文も1〜2回音読します。最後に〈質問〉1〜5に口頭で、または書いて答えてもらいます。

基礎（A2）から自立した段階（B1）までの移行を支える要素の一つとして、音声面の定着・強化があると考えられます。段階を一つ移行する際に、語彙・表現が急激に増えること、一文が長く複雑になること、短い段落によるやり取り（書かれたものも含む）になることによって、理解が追いつかなくなります。そこで、音読によって何度も繰り返し、音を聞き、まねることは、音に慣れる点でも音と意味を結びつける点でも効果があります。

この練習をしていると、漢字圏の学習者から「ひらがな・カタカナの文はとても読みづらい」とか、「漢字が理解できるから、最初から漢字かな交じり文を読ませてほしい」とか、「文をまるごと書いて漢字を覚えるより漢字の語を覚えたほうが効率がいい」などといった声を聞くことがあります。しかし、これらの声に対しては、「これは漢字の練習ではありません。聴解の練習で

す」と答えるようにしています。ひらがな・カタカナの文から漢字かな交じり文への書き換えは、音と意味を結びつける練習であり、漢字の音を中国語など母語で認識している学習者にとっては、日本語の語としての漢字の音を定着させるのに効果的です。また、非漢字圏の学習者にとっても音による意味の導入を表記に結びつける練習になり、負担が少なく、学習者個々のペースで漢字を意識し、学ぶことができます。各課の解説で〈音読しましょう〉と〈質問〉の解答例を示しましたので、ご参照ください。なお、各課〈音読しましょう〉の音声は、研究社HP（https://www.kenkyusha.co.jp/）より無料でダウンロードすることができますので、シャドーイングの練習に使うこともできます（→p6参照）。

⑩ わいわい話しましょう

ペアかグループで課のテーマについて情報や意見を交換する活動を行います。

　この教材では、ここでの情報・意見の交換を「活動」と考えます。そして、「活動」がこの教材の目的であり、目標です。また、この「活動」は、協同学習によって行います。個人で考える時間（個人思考・内化）→ペア・グループ・クラスで共有する時間（集団思考・外化）→個人で考える時間（個人思考・内化）というサイクルを繰り返しながら進めましょう。また、協同学習を進める際のルールやペア・グループ内の役割を決めるといいでしょう。各課の「活動」には、ロールプレイ、インタビュー、意見交換、スピーチ、プレゼンテーションなどが含まれます。あらかじめルーブリックを共有したり、自己評価のポイントを示したりして学習者と共有し、評価につなげるようにしましょう。「活動」のアイデアを1〜2例示し、二つある場合はⒶとⒷに分けました。時間等の状況に応じて、活動のし方を工夫していただいたり、オリジナルの活動をしていただいてもいいでしょう。各課の解説で〈わいわい話しましょう〉のテーマとの関連や進め方を示しましたので、ご参照ください。また、巻末には「各課学習目標と活動一覧」が載せてあります。

⑪ 書きましょう

課のテーマについて、300〜400字で文を書きます。

　〈わいわい話しましょう〉で考え、発表した内容を書いてまとめる練習です。二つの活動がある場合は、Ⓑについて課題を出しています。字数はおおよその目安ですので、学習の進捗に合わせて増減させるといいでしょう。また、

書く前に文に入れるべき情報や構成を確認し、アウトラインを整えるなど準備をしてから書き始める習慣をつけるようにしましょう。

❷ 👤✏️ 漢字の練習をしましょう

　各課で提示された新しい漢字（1-6課12字、7-12課15字, 読み替え37字含む計162字）を練習します。

　この教材では、旧日本語能力試験出題基準3級の漢字を既出とし、「『基礎漢字』の選定」（加納千恵子・清水百合・竹中弘子・石井恵理子,『筑波大学留学生教育センター　日本語教育論集』第3号 pp.75-93, 1987）の「基礎漢字500」からそれらを引いたものを中心に新出漢字としました。〈漢字を練習しましょう〉のA欄は新出漢字、B欄は読み替え漢字です。A欄では、新出漢字とともに、その漢字を使った語を示し、未習の語には＊をつけました。また、この教材で提出される予定の語には＊とともに課の番号が記されています。＊のついた語は、未習ではありますが、既習の漢字で構成された熟語であり、学習者は自力で読むことができ、意味の類推もある程度可能ではないかと考えられます。B欄では、既習の読み方を含む語が（　　）の中に示されており、同時に復習ができるようになっています。

5．各課の進め方の例

　1日4単位時間（1単位時間＝45分）の授業数を目安に時間配分した例を示します。まず、初日で〈この課で学ぶこと〉を共有し（5分程度）、〈覚えましょう〉で新しい語の練習（45分程度）、〈漢字を練習しましょう〉で新しい漢字の練習（40分程度）をします。さらに、〈使いましょう〉で表現の導入・練習（45分程度）、〈いっしょに考えましょう〉でテーマの導入（10〜15分程度）、〈読みましょう〉で読解の練習をします（30〜35分程度）。

　2日目は、〈使いましょう〉3番の短文づくりを宿題にしておいたもののチェック（45分程度）、〈読みましょう〉の復習と〈答えましょう〉（45分程度）をします。さらに、〈聞きましょう〉（30分程度）と〈音読しましょう〉（60分程度）をします。

　3日目は、主に〈わいわい話しましょう〉のペアかグループの活動（90分程度）を行い、最後にクラス全体で共有する時間（45分程度）を設けます。そして、課のまとめとして〈書きましょう〉（45分程度）をします。

　各課3日（12単位時間）とすると、全課終了まで約7週間（144単位時間）ですが、途中で復習や小テストの時間を入れるなどすれば、約8週間（160単

位時間）で終わります。1日4単位時間の例を示しましたが、2単位時間の場合ですと、終了まで約16週間かかることになります。

	1・2時間目（90分）	3・4時間目（90分）
1日目	この課で学ぶこと 覚えましょう 漢字を練習しましょう	使いましょう いっしょに考えましょう 読みましょう
2日目	使いましょうチェック 読みましょう復習・答えましょう	聞きましょう・音読しましょう
3日目	わいわい話しましょう（ペア・グループ活動）	わいわい話しましょう（共有） 書きましょう

6．評価について

　この教材は、言語知識（語彙・文法）や読解のための教材ではありません。〈わいわい話しましょう〉の「活動」が目的であり、目標です。そして、評価の項目も、「語彙・文法」「読解」「聴解」など言語知識・技能に加えて、「話す」「書く」に対するパフォーマンス評価とそれに伴う「方略・テクスト」、「社会言語能力」、「言語運用能力」などが含まれます。〈わいわい話しましょう〉で協同学習を行う際、「方略・テクスト」、「社会言語能力」、「言語運用能力」に関する項目をルーブリックで示し、学習者と共有しておくことをお勧めします。また、教師側からの評価だけでなく、自己評価やピア評価を取り入れるなど、「活動」に合わせて適切な評価方法を考えていただくといいでしょう。評価に関しては、「日本語教育の参照枠　報告」（文化審議会国語分科会　令和3年10月12日）にも詳しく書かれています。

　なお、この教材と「日本語教育の参照枠　報告」との関連は、教材本冊に示した通りです。また、この教材で習得を目指す学習段階や言語能力に関しては、巻末の資料を参考になさってください。

第1課　オノマトペ

テーマと学習目標

　オノマトペは、実際の物音や動物・人間の声、物事の状態や動きなどを表す語で、擬音語・擬声語・擬態語などに分けられます。私たちは自分が見たり聞いたり感じたりしたことをできるだけリアルに伝えようと日常的にこのオノマトペをたくさん使っています。オノマトペを使えば、より臨場感のある伝え方ができますし、受け止める側にも実感がわきます。また、オノマトペは既成のよく使われる語だけでなく、オリジナルの表現も可能です。それはまんがやアニメに親しむ学習者のほうがすでに感じ取っていることかもしれません。オノマトペを効果的に使って、日常の一場面を切り取って表現することがこの課の目標です。なお、この課では擬音語・擬声語をカタカナで、擬態語をひらがなで表記してありますが、これが表記上の決まりというわけではありません。

この課で学ぶこと

　人や物のようすについて、自分が見たり聞いたり感じたりしたように伝えましょう。
　親しい人とやり取りをする私的な場面で自分が経験したことをわかりやすく効果的に伝えることを目標とします。「効果的に」という部分でオノマトペがいくつか使われるといいでしょう。

テーマの展開

　まずは、これまで聞いたことがあるかもしれないオノマトペを聞いて、何を表しているか想像してみます。そして、〈読みましょう〉を読み、オノマトペについて理解した後、〈聞きましょう〉で実際の使用例を聞いてみます。さらに、〈わいわい話しましょう〉で絵を見ながら、いろいろなオノマトペの使い方を試してみて、最後はオノマトペを使って自分の経験を伝えます。

いっしょに考えましょう

オノマトペとして表された象徴的な音が何を表すか考えてみます。

 読みましょう

「ふわふわとろとろのオムライスはいかが？」というタイトルで、オノマトペの使い方や効果について説明した文です。自分だけのオノマトペを作ることも可能だという点で、使用の際の自由度が増し、これ以後の練習にも広がりが期待できます。

 聞きましょう

クラスメート同士できのうの出来事を話しています。オノマトペが含まれる会話を聞く際、場面が想像しやすくなる点や、逆に要点がつかみづらくなる点などに注意を向けてもらい、聞く練習を進めましょう。

 わいわい話しましょう

ペアかグループになって活動します。Ａは絵を見て、発せられた音や動作の様子からいろいろなオノマトペを試してみます。Ｂは自分が経験した出来事をオノマトペを使って臨場感豊かに表現します。親しい人同士が自然に話す場面を想定したロールプレイを行い、聞く人もあいづちを打ったり、話を確認したり、次の展開を促すような質問をするなど、お互いが協力してやり取りを成立させるよう、促します。それらを踏まえ、話す人向け、聞く人向けにやり取りのポイントをルーブリックで示し、自己評価をしてもらうとよいでしょう。

日本語力を高める工夫

 覚えましょう

ふわふわ（と）スル：「ふわふわの／（と）した＋名詞」「ふわふわ（と）＋動詞」のような形がある。

とろとろ（と）スル：「とろとろの／（と）した＋名詞」「とろとろ（と）＋動詞」の

ような形がある。

ようす：「名詞＋のようす／文（普通形）＋ようす」と連体修飾の形で使われる。

場面：「ようす」同様、「名詞＋の場面／文（普通形）＋場面」と連体修飾の形で使われることが多い。

あつあつ：「ふわふわ」「とろとろ」と違い、名詞と同じ使い方。「あつあつの＋名詞」「あつあつだ」の形だけで、副詞としては使われない。

感じ：「感じる」の名詞形。気持ち、感覚、感触などを表し、「文（普通形）＋感じがする」という形の使用も多い。

（強）さ：イ形容詞・ナ形容詞を名詞化するときの接辞。「高さ」「大きさ」のように単に名詞として使われるほか、「海水温度の高さが問題だ」のように、「海水温度が高い」という形容詞の文を名詞化する例も多くある。

生き生き (と) スル：副詞としてのみ使われ、連体修飾の際は「生き生き（と）したようす」のように、「〜（と）した＋名詞」となる。

答えましょう

解答例：

1．声や音を表したり、物の状態や動作が行われるようすを説明したりするときに使う言葉です。
2．オムライスやおでんを食べたときの感じを伝えるためです。
3．「ヒューヒュー」「ピューピュー」「ビュービュー」などで、風の強さや冷たさのちがいが感じられます。
4．作者が考えたおもしろいオノマトペが使われています。
5．場面を生き生きと伝えることができるからです。

使いましょう

練習のねらいと解答例

A　例を示すときの使い方。
　〔解答例〕3．バスケットボールの選手がはいているようなくつがほしい。
B　言葉を説明したり、定義づけたりするときに使う。
　〔解答例〕3．電気で走る自動車のことを「EV」と言います。
C　目的を表す。「名詞＋のため」「動詞（辞書形）＋ため」の二つの形を練習する。

〔解答例〕３．来月の試合のために、兄は毎日おそくまでサッカーのれんしゅ
　　　　　　　うをしています。
　　　　　　　夏休みに旅行に行くために、今アルバイトをしている。

D　オノマトペを使う練習で、連体修飾の使い方と副詞としての使い方をどち
　　らも練習する。

〔解答例〕３．きのう上の階の人が夜おそく帰ってきて、バタンとドアを閉め
　　　　　　　る音が聞こえました。
　　　　　　　寒い日にはあつあつのラーメンが食べたくなる。

 聞きましょう

スクリプトと解答

　同じクラスのりゅうがくせい、スミカさんとドクさんが話しています。メモ
をとりながら二人の会話を聞いて、質問に答えましょう。

スミカ：あれ、ドクさん、足、どうしたの…。
ドク：あ、スミカさん、きのうね、駅のかいだんからおちたんだよ。
スミカ：ええっ、おちた？　どうして？
ドク：かいだんを下りてたら、後ろからダダダッて来た人にドンとおされて、
　　それで、ドドドドドッて、下まで行っちゃって…。
スミカ：うそ、それで？　その人は何も言わないで行っちゃったの？
ドク：うん、後ろも見ないでダーッと走って行っちゃった。
スミカ：ひどい、何、それ…。病院へは行った？
ドク：病院は高いから、行ってない。歩けるし、だいじょうぶだよ。
スミカ：でも、だんだんひどくなるかもしれないよ。いたそうだし。お金は後
　　からかえしてもらえるから、行ったほうがいいよ。
ドク：ええっ、お金、かえしてもらえるの？　じゃあ、行こうかな。
スミカ：そうだよ、ぜんぶじゃないけど。じゅぎょうまでまだ少し時間あるか
　　ら、じむしつへ行って聞いてみて。

〈質問〉（○が正解）
１．ドクさんはどうしてけがをしたのですか。
　　ａ．走っていて、自分で駅のかいだんからおちたから
　　ｂ．駅のかいだんの下でほかの人におされたから
　　ⓒ．走ってかいだんを下りていた人におされたから

　　d．駅のかいだんでほかの人をおして、自分もおちたから
２．ドクさんはこれから何をしますか。
　　a．教室でじゅぎょうをうける
　　b．病院で足をみてもらう
　　ⓒ．じむしつへ行ってそうだんする
　　d．気をつけて駅のかいだんを下りる

 音読しましょう

解答例

A　〈質問〉

１．ドクさんの足のようすを見て、おどろいたからです。
２．後ろから来た人におされたからです。
３．病院のお金は高いし、歩けるからだいじょうぶだと思ったからです。
４．病院のお金は後からかえしてもらえると教えました。
５．じゅぎょうの前にじむしつへ行って、そうだんします。

B

　　スミカさんは、同じクラスのドクさんが朝教室に来たとき、そのようすを見て、おどろいて、どうしたのかとたずねました。ドクさんは、きのう駅のかいだんで、後ろから来た人におされて、かいだんの下までおちてしまったそうです。ドクさんをおした人は、走ってどこかへ行ってしまいました。ドクさんは、病院のお金は高いし、歩けるからだいじょうぶだと思って、病院に行きませんでした。それを聞いて、スミカさんは、病院のお金は後からかえしてもらえると教えました。ドクさんはじゅぎょうの前に、じむしつへいって、そうだんしようと思っています。

 書きましょう

　　自由記述

第2課　昼ご飯

テーマと学習目標

　物を食べることは人々の共通の関心事で、国・地域ごとに様々な食材や調理法があります。また、食事の風景も異なります。この課では、「昼ご飯」をテーマに食事のし方やよく食べる物について、学習者の出身国・地域の食文化・習慣の一端をお互いに紹介し合うことを目標とします。まず日本の食文化・習慣を知ってもらい、食材や調理法に関する語彙を広げます。第1課で学んだオノマトペの表現が活かせると、さらにいいでしょう。

 この課で学ぶこと

食事のし方やよく食べる物について説明しましょう。

　話題になることが多い出身国・地域の食文化・習慣を理解し、伝えることを目標とします。

テーマの展開

 いっしょに考えましょう

　弁当の絵を見て、中に入っている食材や料理名などを確認します。また、食べ物の好みや現在の昼ご飯の過ごし方を尋ねます。

 読みましょう

　「おべんとうに何入れる？」というタイトルで、"Bento"とローマ字表記されることもあり、日本の食文化の一つでもある弁当について紹介します。また、弁当を囲む食事の風景についても紹介し、コミュニケーションツールとしての弁当にも注目します。そして、にぎやかな食事の輪を想起するとともに、忙しくてランチを楽しむ余裕がない人や一緒に食事する家族や友人がいない人につ

いても触れることができるといいでしょう。

 **聞きましょう**

　娘が母に弁当作りを教わる場面の会話を聞きます。日本に住む外国人の悩みの一つが中・高の子どもに持たせる弁当作りだそうです。小さな箱にいろいろなおかずを、見た目も楽しくおいしそうに詰めるのはなかなか難しいものですが、ここではその弁当作りのコツを一つ紹介しています。

 **わいわい話しましょう**

　ペアかグループになって活動します。Ａは学習者自らが撮った食べ物の写真を見せ合い、その説明をします。Ｂは学習者の出身国・地域の昼ご飯の風景について、お互いにインタビューします。まず、質問を考え、インタビューを行った後、発表するといいでしょう。また、インタビューでなく、同じ出身国・地域の学習者同士のグループで調べ、プレゼンテーションを行ってもいいでしょう。インタビューやプレゼンテーションもルーブリックや振り返りのコメントなどで自己評価してもらうといいでしょう。

　　日本語力を高める工夫

　　覚えましょう

つめる：「ＡにＢをつめる」という助詞を確認する。また、後に「つまる」という自動詞があり、「つめる」「つまる」が他動詞と自動詞のペアになっていることを確認する。

ふた：この語の意味はすぐに理解できるが、「ふたを開ける／閉める／閉じる」など、いっしょに使う動詞も合わせて紹介するといい。

わくわくスル：擬態語なので、例文を示すなどして使い方を確認する。

えいよう：語の意味に加えて、いっしょに使う語を紹介する。「えいようがある／ない／ゆたかだ」など。

バランス：「バランスがよい／悪い／を考える／をとる／をくずす」など、必要に応じていっしょに使う語を紹介する。

カロリー：「カロリーが高い／低い」など、いっしょに使う語を紹介する。

かこむ：「〜をかこむ」という形のほか、「〜にかこまれる」と受身形で使われることも多い。

 答えましょう

解答例

１．小さいはこの中にご飯やおかずがきれいにつめてあるからです。

２．きせつの食材を使った物やえいようのバランスやカロリーが考えられたおべんとうがあります。

３．動物の形をしたおかずが入っていたり、ご飯の上に絵や文字がえがかれている楽しい物があります。

４．どうすれば食べる人によろこんでもらえるか考えて作ります。

５．おべんとうをかこんでまわりの人とおかずを分け合ったり、味や作り方についておしゃべりしたりするようすが見られます。

 使いましょう

練習のねらいと解答例

[A] 相手の話や自身の連想から新たな話題を提示し、それについて自身の考えや新たな情報を提供する際に使われる。「名詞＋と言えば」の形で練習する。

〔解答例〕３．Ａ：日本では古いじんじゃやおてらが見たいです。

Ｂ：じんじゃやおてらと言えば、京都が有名ですね。いろいろな所があります。

[B] 「名詞（人・場所・物など）を説明する言い方」は連体修飾を指す。名詞の前は普通形。

〔解答例〕３．これは私のたんじょう日に父がくれた時計です。

[C] a.「〜てあります」は他動詞とともに、b.「〜ています」は自動詞とともに、または他動詞の受身とともに使う。いずれの文もある動作が行われた結果の状態を表す。

ａ．〔解答例〕３．来月の旅行のホテルはもうよやくしてあります。

ｂ．〔解答例〕３．駅のかべにきれいな絵がえがかれています。

[D] 「〜ばいい／可能表現／自動詞（非意志動詞）」の形で、手順や方法について尋ねたり、アドバイスしたりするときに使う。

〔解答例〕３．ねむいときはコーヒーを飲めばいいですよ。

 **聞きましょう**

スクリプトと解答

　大学生のりかさんは、お母さんとおべんとうを作っています。メモをとりながら二人の会話を聞いて、質問に答えましょう。

りか：お母さん、これでいい？　きのうのおかずつめたんだけど…。

母：そうね。とりとたまご、後は何か赤い物とみどりの物を少し入れようか。

りか：赤い物とみどりの物？

母：そうよ。おべんとうに赤、きいろ、みどりの色が入ってるとおいしそうに見えるの。

りか：ほんとう？　それ、しんごうだね。

母：たまごはあるから、ピーマンでもやく？

りか：ピーマンはいらない。

母：じゃあ、レタスでかざろう。赤い物はトマトかな。

りか：いちごがいい。れいぞうこにあるでしょ。

母：いちごは水が出るから、いちごだけほかのに入れよう。にわのトマトとってきて。

りか：は〜い。赤、きいろ、みどりか。それでにわにトマトなんだ。いつもトマトが入ってるよね。

母：え？　何？　何か言った？

りか：何でもな〜い。

〈質問〉（○が正解）

1．お母さんはりかさんにどんなことを教えましたか。

　　ａ．おかずはぜんぶ前の日に作っておくこと

　　ｂ．ピーマンやレタスなどのやさいがけんこうにいいこと

　　ⓒ．おべんとうに赤、きいろ、みどりの食べ物を入れること

　　ｄ．おべんとうにいつもトマトを入れること

2．りかさんはこの後、何をしますか。

　　ａ．今作っているおべんとうにいちごを入れる

　　ｂ．レタスを使って、おべんとうをかざる

　　ⓒ．トマトをとってきて、おべんとうに入れる

　　ｄ．たまごととりにくをやいて、おべんとうに入れる

音読しましょう

解答例

A 〈質問〉

1．お母さんとおべんとうを作っています。

2．たまごととりの料理でした。

3．色がたりないと思いました。

4．おべんとうに赤、きいろ、みどりの色が入っていると、おいしそうに見えるからです。

5．おべんとうに入れるためだと思いました。

B

　大学生のりかさんは、お母さんにおべんとうのつめ方を教えてもらっています。きのうのおかずのたまごととりの料理をつめて、お母さんに見せましたが、お母さんは色がたりないと思いました。おべんとうに赤、きいろ、みどりの色が入っていると、おいしそうに見えるそうです。りかさんはしんごうのようだと思いましたが、お母さんに言われて、みどりのレタスや赤いトマトを入れました。りかさんは、それでお母さんはにわでトマトを作っているんだと思いました。りかさんのおべんとうには、いつもトマトが入っています。

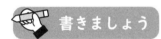 書きましょう

　自由記述

第3課 春・夏・秋・冬

テーマと学習目標

　日本には四季があり、季節に関連づけられた生活習慣や伝統行事が多く見られます。また、季節の移ろいやすさは無常観や死生観につながり、日本人の精神面にも影響を与えています。この課では日本での暮らしの基本とも言える四季「春・夏・秋・冬」をテーマとし、日本人が季節の変化をどう感じるかを紹介します。そして、同じ春夏秋冬でも、土地が違えば気候や暮らしぶりが違いますから、学習者の生まれ育った場所の季節や気候について説明してもらうことを目標とします。さらに、季節感といった文化的な側面が引き出せるといいでしょう。

 この課で学ぶこと

　自分がそだった地域のきせつについて説明しましょう。きせつの思い出についてしょうかいしましょう。
　季節や気候の紹介と、季節の行事や親しい人との思い出を紹介してもらうことが目標です。

テーマの展開

 いっしょに考えましょう

　学習者の好きな季節を尋ねます。理由も合わせて尋ねましょう。さらに、夏と冬の記憶を尋ね、それぞれの学習者の出身国・地域の季節の過ごし方の違いを紹介してもらいましょう。

 読みましょう

　「きせつを楽しむ」というタイトルで季節の楽しみ方を二つ紹介しています。

一つは、「自然の中の小さな変化」を楽しむこと、そして、もう一つは、四季折々の行事を親しい人たちと楽しむことです。季節の変化に過ぎ行く時間を重ねて、その移ろいやすさを惜しみつつ楽しむという考えに触れるといいでしょう。

聞きましょう

　大学生の二人が子どものころに家族と過ごした夏の思い出について話しています。季節の思い出について学習者から具体的なエピソードを引き出すきっかけになればいいと思います。

わいわい話しましょう

　ペアかグループになって活動します。Ａは日本、または、学習者の出身国・地域の行事や生活習慣について、一つ選び、それについて調べて発表します。やや難度が高いかもしれませんので、行事の選び方、写真や動画を使った発表のしかたなどに工夫が必要でしょう。Ｂは〈読みましょう〉〈聞きましょう〉の発展として個々の思い出を紹介します。ロール・プレイやインタビュー、またはスピーチといった活動で紹介し合うといいでしょう。そして、活動に応じて、ルーブリックや振り返りで評価を行いましょう。

（日本語力を高める工夫）

覚えましょう

かわす：「ＡとＢをかわす」の形で助詞を確認する。また、Ｂの部分に入る語をいくつか紹介する。

体調：「体調がいい／悪い／をくずす／がすぐれない」など、必要に応じていっしょに使う語を紹介する。

くずす：「体調」のほかにもいっしょに使う語を紹介する。また、ペアとなる自動詞「くずれる」を紹介する。

お互い：「お互いの＋名詞」「お互いに＋動詞」の形の文を例文としてあげる。動詞の場合は「〜合う」と複合語になることが多い。

すごす：ペアとなる自動詞「すぎる」も合わせて紹介する。

自然ナ・ニ：名詞としての使用のほかに、必要に応じてナ形容詞としての使用についても例文などで紹介する。

 答えましょう

解答例
１．お互いに体調を気づかってあいさつをするのです。
２．土の中から小さなめが出た、風があたたかくなったなどということです。
３．春はひなまつりや花見、夏はぼんおどりや花火大会などがあります。
４．むかし、家族や友だちとすごした大切な時間を思い出します。
５．毎日の生活の中できせつを感じたり、したしい人たちといい思い出を作ったりすることです。

使いましょう

練習のねらいと解答例
[A] 文の中に埋め込まれた疑問文を表す。「疑問の言葉を使う疑問文（普通形）＋か」、そして、二者択一（はい／いいえ）の疑問文は「二者択一の疑問文（普通形）＋かどうか」という形になる。
〔解答例〕３．休みの日に何をするか、決めていません。
　　　　　　　国へ帰るときのひこうきのチケットがとれるかどうか、まだわかりません。
[B] 「～ていきます」には様々な分類があるが、主に、①目的地へ向かう途中である行為をしてから行く、あるいは、ある行為をした結果の状態で行く、②話し手のいる場所からある物／人／動物などが離れる、③現時点から後もある行為を続ける、④現時点から後も変化が続くといった四つに分けられる。そのうちの①②を「a. 場所」とし、③④を「b. 時間」とする。
　ａ．〔解答例〕３．友だちの家へ行くとき、いつも何かおかしを買っていきます。
　　　　　　　　　じゅぎょうが終わると、学生たちはすぐに教室を出ていった。
　ｂ．〔解答例〕３．日本語がじょうずになりたいので、漢字や言葉をたくさん覚えていこうと思います。
　　　　　　　　　日本の人口はこれから少しずつへっていくでしょう。

C　本来変わってもおかしくない、あるいは、その状態ではいけないのに、同じ状態であることを表す。「名詞＋のまま」「動詞（た形）＋まま」の形を練習する。

〔解答例〕３．夜大きいじしんがあったので、パジャマのまま外に出ました。

　　　　　　父はいつもトイレのスリッパをはいたまま、出てくる。

D　主に①話し手のいる場所へ来る前に何かをしてから来る、あるいは、何かをした結果の状態で来る、②話し手のいる場所へある物／人／動物などが近づく、③過去のある時点から現時点まである行為を続ける、④過去のある時点から現時点まで変化が続くといった四つに分けられ、ほぼ「〜ていきます」の使い方に対応する。「〜ていきます」と同様に、①②を「a.場所」、③④を「b.時間」とする。

a．〔解答例〕３．きょうはとても寒いので、ぼうしをかぶって、マフラーをしてきました。

　　　　　　　　仕事の帰りに、兄がケーキを買ってきてくれた。

b．〔解答例〕３．毎日漢字の勉強をしてきたので、テストで100点をとれて、うれしかったです。

　　　　　　　　おなかがすいてきましたね。そろそろ晩ご飯にしましょう。

聞きましょう

スクリプトと解答

　大学生のゆうかさんとあんりさんが話しています。メモをとりながら二人の会話を聞いて、質問に答えましょう。

あんり：ゆうか、夏休みになったらいっしょにどこかへあそびに行かない？

ゆうか：いいね。来週、花火大会があるんだって。夏と言えば花火よね。子どものころから大好きなんだ。

あんり：花火大会か。行ったことないなあ。でも、楽しそう。

ゆうか：ええっ？　あんりは、子どものころ行かなかったの？

あんり：うん、花火大会の思い出はないなあ。毎年夏休みは、おばあさんのいる北海道へ行ってたから…。　夜はね、花火は見なかったけど、おばあさんとほしを見たよ。ほしがいっぱい出てて、すごくきれいだった。

ゆうか：いいなあ。ほしがいっぱいの空、見てみたい。今年も行くの、北海道。

あんり：ううん、おばあさんもなくなったし、もう何年も行ってない。

ゆうか：そう、それはさびしいね。ねえ、今年、北海道へ行こうよ、いっしょに。

あんり：そうだね、行こうか、いっしょに。ゆうかは花火大会行きたいんでしょ。だったら、北海道で見に行こうよ。

ゆうか：北海道で花火大会？　旅行してるときに、見られるかな。

あんり：そうね。花火大会調べてみる。大会がある日に、旅行に行こう。

ゆうか：いいね。そうしよう。私は旅行のこと、調べてみるね。

〈質問〉（〇が正解）

１．あんりさんの子どものころの夏休みの思い出はどんなことですか。

　　ａ．家族と花火大会に行ったこと

　　ⓑ．おばあさんと夜、ほしを見たこと

　　ｃ．友だちと北海道へ旅行したこと

　　ｄ．北海道で花火大会を見たこと

２．ゆうかさんはこの後、何をしますか。

　　ａ．来週行われる花火大会に行く

　　ｂ．あんりさんと北海道旅行に行く

　　ⓒ．北海道旅行について調べる

　　ｄ．北海道の花火大会について調べる

 音読しましょう

解答例

Ａ 〈質問〉

１．花火大会に行きたいと思っていました。

２．夏休みに毎年おばあさんがすむ北海道へ行っていたからです。

３．おばあさんといっしょにほしを見ていました。

４．おばあさんがなくなったからです。

５．二人で北海道へ行って、花火を見ようと思っています。

Ｂ

　大学生のゆうかさんとあんりさんは、夏休みのよていについて話しています。ゆうかさんは、あんりさんを花火大会にさそいましたが、あんりさんは、今まで行ったことがないそうです。それは、夏休みに毎年おばあさんが住む北海道へ行っていたからです。北海道では、ほしがとてもきれいなので、あんりさんは、よくおばあさんといっしょにほしを見ました。あんりさんは、おばあさん

がなくなってから、何年も北海道へ行っていません。それで、ことしの夏休み
は、ゆうかさんと二人で北海道へ行くやくそくをしました。そして、北海道で
花火を見ようと思っています。二人はこれから花火大会や旅行について調べる
つもりです。

自由記述

第4課　外国語の学習

テーマと学習目標

　この課のテーマは「外国語を学ぶ理由」です。外国語を学ぶことの意義は多くありますが、まず、学習者自身にその意義を感じてもらうことが大切です。現在は自動翻訳機や生成 AI などの進化によって、外国語を学ぶ必要があまり感じられなくなってきました。しかし、果たして本当にそうでしょうか。その点を学習者とともに考え、学習者自身が日本語を学ぶ理由を自覚し、学習のモティベーションを高めてもらうことがねらいです。

 この課で学ぶこと

外国語を学ぶ理由や学習のし方について説明しましょう。
　学習者自身が日本語を学ぶ理由を自覚的にとらえ、説明できるようになることが目標です。

テーマの展開

 いっしょに考えましょう

　外国語の学習歴や日本語の学習方法について尋ねます。よい学び手は、それらの問いに具体的に答えることができます。クラスメートの話を聞きながら、学習者個々が自身の学習を振り返る機会になればいいでしょう。さらに、自動翻訳機に対する考えも尋ねます。

 読みましょう

　「外国語を学ぶ理由」というタイトルで、一般的に語られる理由について紹介します。一方で、自動翻訳機が進化する中、時間やお金や労力をかけて外国語を学ぶ必要があるかどうかを問います。そして、学習者自身に自分事として外

国語学習の意義を考えてもらいたいと思います。

 聞きましょう

　よい学び手である学生が聴解を苦手とする学生に学習方法を具体的にアドバイスしています。このアドバイスの中にも外国語学習の意義が込められています。

 わいわい話しましょう

　ペアかグループで活動します。この課ではペアまたはグループごとに、①〜⑧の質問を一つ選び、ほかのペアまたはグループの人にインタビューをします。たとえば、クラスの人数を16名とした場合、ペアが8つできます。それぞれに①〜⑧の質問を割り当てます。次に、①②、③④、⑤⑥、⑦⑧のように質問担当ペアを4つのグループに組み合わせます。そして、ペア同士で質問をし合い、結果をメモします。ペア同士の組み合わせを変えながら、可能な時間の範囲で活動を繰り返します。一つのペアは質問できた範囲で結果を集計し、発表します。8つのペアの発表が終わると、クラス全体の学習の傾向がわかりますので、最後にクラス全体でもう一度日本語学習について意見交換してもいいでしょう。いくつかの活動が組み合わされていますが、発表時のルーブリックによる評価や活動を通した振り返りを行いましょう。

(日本語力を高める工夫)

 覚えましょう

学ぶ：「勉強する」「習う」「学習する」「学ぶ」の違いを尋ねられることがある。いずれも知識や技能を習得するという意味だが、異なる点に注目するなら、「勉強する」は主に知識を身につけるために与えられた課題や目標に取り組むこと、「習う」は主に技能について教えられたことを何度も繰り返し練習して身につけること、「学習する」は学校などで体系的、計画的にまとまった内容の知識を身につけること、そして、「学ぶ」は教えられたことだけでなく、体験からも自分なりの発見や気づきを通して理解することであると考えられる。

やりとりスル：「（人）とやりとりする」だけでなく、「AとBをやりとりする／

　　ＡとＢのやりとりをする」（例：友だちと写真をやりとりする／友だちと写
　　真のやりとりをする）の形を紹介する。その際、助詞の使い方に注意を向け
　　る。

〜なしで：「〜なしで（〜する）」の形でいくつか例文を示し、使い方を練習す
　　る。

やる気：「やる気がある／ない／出る／出ない／わく／をなくす／出す」など、
　　必要に応じていっしょに使う語を紹介する。

解答例
１．3,500 ぐらいです。
２．仕事の相手とのやりとりをするときに必要です。
３．異文化にきょうみがあるからです。
４．音声で入力して、自動でほんやくできます。
５．時間とお金と、大変な努力が必要です。

練習のねらいと解答例

Ａ　「〜といい／可能表現／自動詞（非意志動詞）」のように、手順や方法につ
　　いて尋ねたり、アドバイスしたりするときに使う。第２課〈使いましょう〉Ｄ
　　と同じ使い方。
　　〔解答例〕３．見にくいときは、ここを押すと字が大きくなって見やすくなり
　　　　　　　　ます。

Ｂ　「文（普通形）＋という＋名詞」の形で前の文が後ろの名詞の内容、または、
　　引用を表す使い方を練習する。
　　〔解答例〕３．友だちから、日本人はいつも時間にきびしくて忙しそうだとい
　　　　　　　　う話をよく聞いた。

Ｃ　「動詞（可能形）＋ようになる」の形で、能力が変化したことを表す。ｂ．
　　では、「動詞（ない形）＋ようになる」にはならず、「動詞（ない形）＋くなる」
　　となることに注意する。
　　ａ．〔解答例〕３．毎日少しずつ練習して、漢字が 100 ぐらい書けるように
　　　　　　　　　　なりました。

　　b．〔解答例〕３．スマホやパソコンを使うことが多くなったから、少し漢字
　　　　　　　　　　　　　が書けなくなりました。

[D]　手段や方法を表す。「名詞＋によって」「動詞（辞書形）＋ことによって」の
　形を練習する。

〔解答例〕３．アルバイトによって、自分が知らなかったことをたくさん学ぶ
　　　　　　　ことができた。
　　　　　　　毎日友だちといろいろな話をすることによって、お互いの気持
　　　　　　　ちがわかるようになった。

 聞きましょう

スクリプトと解答

　同じクラスのりゅうがくせい、キムさんとアンさんが話しています。メモを
とりながら二人の会話を聞いて、質問に答えましょう。

キム：あれ、アンさん、どうしたんですか。元気がありませんね。
アン：あ、キムさん。ちょっと、この間のテストの点が悪かったんです。私は
　　　聞くのがよくなくて…。
キム：そうですか。私は映画やドラマが好きだから、インターネットでいろい
　　　ろ見てますよ。アンさんはどうですか。
アン：私も見たことはありますけど、むずかしくて、あまりわかりませんでし
　　　た。
キム：毎日見ていたら、だんだんなれてきますよ。
アン：そうですか。おもしろいのがあったら、教えてください。
キム：そうですね。アンさんはまんがが好きでしょう。まんがから映画になる
　　　ことが多いから、そんな映画をさがしてみてください。
アン：ああ、そうですね。それなら、話を知っているから聞きやすいでしょう
　　　ね。
キム：ええ、それから、私はアルバイトをしている店の友だちといろいろな話
　　　をします。学校では教えてもらえないこともたくさん教えてもらえますよ。
アン：学校で教えてもらえないこと…、キムさんは試験のための勉強はしない
　　　んですか。
キム：もちろんしますよ。でも、試験の勉強より映画を見たりいろいろな人と
　　　話したりしたほうが楽しいです。いろいろな生活のし方や考え方がわかるで

しょう。

アン：へえ、言葉の練習をしながら、いろいろ学べるんですね。だから、キム
　　さんは聞くのも話すのもじょうずなんですね。私もやってみます。まず、ア
　　ルバイトをさがさなきゃ。

キム：いいですね。私も手伝いますよ。

〈質問〉（○が正解）

１．キムさんはどうして聞いたり話したりするのがじょうずなのですか。
　　ａ．毎日家で話す練習と聞く練習をしているから
　　ｂ．テストのための勉強をたくさんしているから
　　ｃ．まんがを読んで、いろいろな生活のし方や考え方を知っているから
　　ⓓ．映画を見たりアルバイトの店の友だちといろいろな話をしているから

２．アンさんはこの後、何をしようと思っていますか。
　　ａ．テストのための勉強をする
　　ｂ．まんがから作られた映画を見る
　　ｃ．いろいろな生活のし方や考え方を学ぶ
　　ⓓ．アルバイトを始めて、友だちを作る

 音読しましょう

解答例

Ａ　〈質問〉

１．映画やドラマを見ることと人と話すことです。

２．アンさんはまんがが好きなので、まんがから作られた映画を見たらいいと
　　教えました。

３．学校では教えてもらえないようなことを学びます。

４．楽しいし、いろいろな生活のし方や考え方がわかるからです。

５．アンさんは教えてもらったことをやるために、まず、アルバイトをさがそ
　　うと思っています。

Ｂ

　キムさんとアンさんは同じクラスで日本語を勉強しています。アンさんは日
本語のテストでは聞くのがむずかしいと思っています。キムさんは聞けるよう
になるための練習のし方を二つ教えてくれました。一つは映画やドラマを見る
ことです。毎日見ていると、だんだんなれてくると言っています。そして、ア
ンさんはまんがが好きなので、まんがから作られた映画を見たらいいと教えて

くれました。もう一つは人と話すことです。キムさんはアルバイトでいっしょ
に働く友だちといろいろな話をします。そして、学校では教えてもらえないよ
うなことを学びます。キムさんは試験のための勉強より映画を見たり人と話し
たりするほうが楽しいし、いろいろな生活のし方や考え方がわかると言ってい
ます。アンさんもキムさんのようにやってみようと思いました。そのために、
まずアルバイトをさがすつもりです。

自由記述

第5課　私のお気に入り

テーマと学習目標

　「私のお気に入り」というテーマで身近にある物や道具について説明すること
を目標とします。身近な物や道具の詳細な説明は、まだこの学習段階では十分
にできるとは言えません。この教材では実用的な場面は想定しませんが、忘れ
物や落とし物の説明をするときや、買いたい物の色やデザインや大きさを説明
するような場面は多くあります。この課では、文房具について取り上げ、品質、
機能、色・デザインなどの語彙を学ぶとともに、お気に入りの文房具について
説明できるようになるといいでしょう。

 この課で学ぶこと

　毎日の生活の中で、よく使う物の色や形や使い方などを説明しましょう。
　文房具を中心に、お気に入りの物や道具について品質、機能、色・デザイン
などできるだけ詳しく説明できるようになることが目標です。

テーマの展開

 いっしょに考えましょう

　かばん・ペンケース・へやの中にある物について、まずは日本語で言えるか
どうか確認します。さらに、形や色・デザインについてもどのぐらい説明でき
るか試してみるといいでしょう。

 読みましょう

　「ぶんぼう具」というタイトルで日本の文房具の優れた点を紹介します。文房
具にこだわりを持つ人も多く、大型の文房具店が多いこと、そこでお気に入り
をさがすことの楽しさも合わせて伝えるといいでしょう。

聞きましょう

　留学生二人が最近買った新しいペンケースについて話しています。実際にお互いの持ち物や最新の商品に関心を持って情報交換する場面も多いと思います。説明のし方にも注意を向けるといいでしょう。

 わいわい話しましょう

　ペアかグループで活動します。Ⓐは新しい商品のアイデアを考えて発表します。絵を描いて説明するとわかりやすいでしょう。Ⓑはお気に入りの物や道具について説明します。実物や写真を示しながら、できるだけ詳しく説明できるといいでしょう。身近な物を説明するときに必要な情報および正確に伝えるための要点をルーブリックにして、評価しましょう。

（日本語力を高める工夫）

 覚えましょう

人気：「Ａ は Ｂ に人気がある／ない」〔例：このまんがは小学生に人気がある〕
　の形で例文を示し、練習する。そのほか、「人気が高い／上がる」などいっしょに使う語を紹介する。
品質：「品質がいい／悪い／高い」などいっしょに使う語を紹介する。
やぶれる：ペアになる他動詞「やぶる」を合わせて紹介する。
おる：ペアになる自動詞「おれる」を合わせて紹介する。
しかも：人／物／事の特徴・特性などについて、同様の評価となる点を重ねて
　説明するときに使う。
まとまる：ペアになる他動詞「まとめる」を合わせて紹介する。
つい：あまり好ましくないと知りつつある行為をするときに使う。

答えましょう

解答例
１．その理由は、品質がいいこと、機能性が高いこと、色やデザインがいろい

ろあることです。

2．たとえば、ボールペンは書きやすいし、インクがもれたり、かたまったり
することはありません。

3．切れなくなった刃を少しずつおって、長く使うことができます。

4．力を入れずに字が消せて、しかも、消しくずがまとまってゴミが出にくい
点です。

5．たくさんの商品の中からお気に入りをさがすのは楽しいことだからです。

使いましょう

練習のねらいと解答例

A 物事を構成する様々な要素の一つを取り上げる場合の言い方で、特徴的な
ことや強調したいことを述べるときに使う。

〔解答例〕3．母が毎日作ってくれるおべんとうはえいようの点ではバランス
が考えられているが、カロリーが高いのではないかと思う。

B 「動詞（辞書形）＋ことはない」の形で、「a. じっさいには起こらない」「b. し
なくていい」という二つの使い方を紹介する。

a．〔解答例〕3．きのう、駅で、もう会うことはないだろうと思ったむかし
のこいびとに会った。

b．〔解答例〕3．あなたは何も悪いことをしていなのだから、あやまること
はない。

C 「動詞（ない形）＋ずに」の形で「～ないで」と同じ使い方。ここでは①「～
ない状態である行為をする」、②「行為Ａではなく、行為Ｂをする」の二つ
を練習する。

〔解答例〕3．かさを持たずに出かけたので、急に雨がふってきてこまった。
ことしの夏休みは国へ帰らずに、北海道や東京などいろいろな
所へ行くつもりです。

D 「二つ以上の形容詞・動詞を一つの文の中で使う練習」とは、連用中止形を
使った形容詞の文、動詞の文の接続練習を言う。やや改まった固い感じの表
現になる。イ形容詞は、「て」が省略される。ナ形容詞は、「で」の接続が多
く、これは省略できないが、「この学生の家庭は複雑で／であり、両親との関
係はよくない」のように、「～である」を使った場合、連用中止形「～であ
り」という形が使われる。これは名詞の文についても同様であるが、ここで
はナ形容詞と名詞の文は紹介程度でいい。動詞の連用中止形は「ます形」に

当たり、ここでは「て形」を使わない文の接続を練習する。連用中止形による文の接続は、①言葉の並列、②二つ以上の物事の対比、③行為の順序を表すときに可能で、❶付帯状況〔例：かさをさし、歩く〕、❷手段・方法〔例：タクシーに乗り、行く〕を示す場合は不自然な文になる。

〔解答例〕3．新幹線ははやく、安全であり、とても便利だ。

校長先生はいつも子どもたちに「よく学び、よく遊べ」と言っている。

 **聞きましょう**

スクリプトと解答

　同じクラスのりゅうがくせい、リンさんとチャンさんが話しています。メモを取りながら二人の会話を聞いて、質問に答えましょう。

リン：わあ、チャンさん、それ、何？　かわいい！　ふわっふわ。

チャン：このうさぎ、かわいいでしょ。でも、これペンケースなんだ。

リン：へえ、ほんとだ。さいふや小さいかばんにもなりそう…。

チャン：そうなんだ。けいたい電話を入れるときは、ここにひもをつけると、かばんになるの。

リン：へえ、便利だね。いいなあ、私もほしい。

チャン：駅の中にあるぶんぼう具屋さんで買ったんだ。リンさん、行ってみる？ほかにもいろんな動物のがあったよ。

リン：行く、行く。ちょうどけいたい電話を入れるケースがほしかったんだ。

チャン：そう。そのぶんぼう具屋さん、さいきんできたらしい。店も大きいし、商品もたくさんあってね。けいたい電話のケースもいろいろあったよ。

リン：ほんとう？　選ぶのって楽しいよね。私、ぶんぼう具好きだから、一日中店にいられる。

チャン：私もそう。新しい商品見つけたら、つい、買っちゃうし。

リン：そうそう、私もこの間、かわいいノートを5さつも買っちゃった。色の違うのがみんなほしくて…。これじゃ、お金がいくらあっても、足りないね。

〈質問〉（○が正解）

1．チャンさんが持っているのはどんな物ですか。

　a．ふわふわしてかわいいうさぎの人形

　b．うさぎの絵がかいてあるペンケース

　　c．動物の顔の中にお金を入れることができるさいふ
　　ⓓ．ペンやけいたい電話を入れることができる動物の形のかばん
２．リンさんはこの後、何をしますか。
　　a．ぶんぼう具屋へ行って、チャンさんが持っているのと同じ商品を買う
　　b．ぶんぼう具屋へ行って、一日中ぶんぼう具を見る
　　c．ぶんぼう具屋へ行って、かわいいノートを買う
　　ⓓ．ぶんぼう具屋へ行って、けいたい電話を入れるケースをさがす

 音読しましょう

解答例

Ａ　〈質問〉

１．うさぎのような形です。
２．さいふのように使ってもいいし、けいたい電話を入れるケースにしてもいいです。そして、ひもをつけて、かばんのように使うこともできます。
３．駅の中のぶんぼう具屋です。
４．ちょうどけいたい電話を入れるケースをさがしていたからです。
５．二人は、チャンさんがペンケースを買ったぶんぼう具屋にいっしょにいくやくそくをしました。

Ｂ

　　リンさんとチャンさんは同じクラスで日本語を勉強しています。リンさんはチャンさんが持っているうさぎのペンケースを見て、かわいいと思いました。チャンさんの説明によると、このペンケースはさいふのように使ってもいいし、けいたい電話を入れるケースにしてもいいそうです。そして、ひもをつけて、かばんのように使うこともできるそうです。リンさんは、チャンさんが持っているペンケースが気に入って、自分もほしいと思いました。リンさんはちょうどけいたい電話を入れるケースをさがしていたそうです。それで、チャンさんはこのペンケースを買った駅の中のぶんぼう具屋にリンさんをさそいました。二人はぶんぼう具を見るのが好きなので、いっしょにいくやくそくをしました。

 **書きましょう**

　　自由記述

第6課　ストレス

この課のテーマは「ストレス」です。ストレス社会と言われる現代において、ストレスのあるなしやその程度、解消法を話題にして進めます。特に、外国で生活する留学生は多くのストレスにさらされているので、自己管理も必要となります。そのために、自分のストレスについて自覚的に説明でき、周りの人とも共有することが大切です。クラスメートのストレス解消法を聞いて参考にしたり、お互いにアドバイスできるようになることがねらいです。

 この課で学ぶこと

生活の中でストレスを感じることを説明しましょう。気分を変えるためにしていることを説明しましょう。

ストレスを自覚して周りの人に説明すること、また、ストレスを感じている人に解消法についてなどアドバイスができることを目標とします。

テーマの展開

 いっしょに考えましょう

まず、現在の生活の様子や心境を尋ねる質問をし、ストレスのあるなしを考えます。

 読みましょう

「たまったストレス、どうしていますか」というタイトルで、一般に行ったストレス解消法に関するアンケート調査およびその結果を説明しています（出典：メディケア生命HP　https://www.medicarelife.com/research/024/02/）。アンケート調査の結果を説明する場合の表現に注意しながら、読みます。また、

学習者自身がどれに当てはまるか考えながら読んでもらい、読後に話し合うといいでしょう。

 **聞きましょう**

　同じ職場の人同士が話しています。ストレスがたまっている人にストレス解消法についてアドバイスをする場面です。アドバイスのし方や受け方についても注意を向けるといいでしょう。

 **わいわい話しましょう**

　ストレスがたまっているか、その原因は何かを話し合った後、ストレス解消のためにお互いにアドバイスをします。ロール・プレイでアドバイスのし方・受け方を練習し、オリジナルのやり取りを考えてもらって、ルーブリックなどで評価しましょう。

(日本語力を高める工夫)

覚えましょう

ストレス：「ストレスが強い／たまる／をためる／解消する」などいっしょに使う語を紹介する。

原因：「〜が原因で〜」「〜は〜が原因だ」の形で例文を示し、文を作る練習をする。

結果：「その結果」「動詞（た形）＋結果」など連体修飾の形で使われることが多い。

しっかり (と)スル：意味が多くあるが、この学習段階では、よく使われる意味を取り上げ、例文を示し、文を作る練習をする。

ただ：前段で述べた内容と異なる面や例外について述べる際に使う。

むり ナ・ニ：「できない」という意味のほかに、「むりな＋名詞」「むりに＋動詞」などの使い方があることを例文とともに紹介し、必要であれば文を作る練習をする。

 **答えましょう**

解答例

1．たまったストレスをどんな方法で解消しているかを聞いたアンケートです。

2．もっとも多い答えは「ぐっすり眠る」で、31.9％の人が答えました。

3．「音楽を聞く」や「カラオケに行く」です。

4．食べすぎてしまったことです。

5．飲みすぎてしまったことです。

使いましょう

練習のねらいと解答例

A　物事の程度が一般的に予想・予測できる範囲を超えていることを伝えるときに使う。ここでは、その影響から来る結果についても合わせて述べる練習をする。

　〔解答例〕3．おきゃくさんがあまりにも多くて、映画を見ないで帰ってきました。

B　「～ため」は、第1課〈使いましょう〉Cで「目的」を伝える場合の練習をした。ここでは、「名詞＋のため」「動詞（た形）＋ため」の形で、「原因」を表すときの使い方を練習する。

　〔解答例〕3．かぜのため／かぜを引いたため、きょうは会社を休みました。

C　ここでは、推量または婉曲の使い方を練習する。

　〔解答例〕3．友だちとけんかをしたようで、妹は家に帰ってきてからへやでないています。

D　「a.～せいで」の形でよくないことが起きた場合の原因を伝える表現を練習する。「b.～せいにする」では、「（よくないこと）を（人）のせいにする」の形で、「よくないことが起きたのはある人が原因だ」という意味の表現を練習する。

　a.〔解答例〕3．台風のせいで、電車もバスも止まりました。

　b.〔解答例〕3．友だちは、きのうの夜、最後の電車に乗れなかったのは、私が時間を見ていなかったからだと言って、私のせいにした。

 **聞きましょう**

スクリプトと解答

　同じ職場で働く田中さんと上野さんが話しています。メモを取りながら二人の会話を聞いて、質問に答えましょう。

田中：さいきん、ほんといそがしくて、家と会社を行ったり来たりするだけ。何か楽しいことない、上野さん。

上野：楽しいことですか。田中さん、しゅみ、ないんですか。

田中：もちろん、あるよ。旅行。でも、休みが取れなくて、今すごくストレスがたまってる。

上野：ストレス解消と言えば、友だちは料理がいいって言ってました。

田中：料理か。好きな人にはいいけど、そうじゃなければそれもストレスよ。

上野：でも、たとえば、やさいを切るときは、ずっとそれだけをするじゃないですか。そうすると、心が静かになるらしいですよ。

田中：わかる、わかる。切るのにいっしょうけんめいになって、ほかのことは考えなくなっちゃうのよね。

上野：私たちはいつも何かを考えているから、短い時間でも何も考えない時間を作ることがいいそうですよ。

田中：ふうん、その間に頭を休ませるんだね。それなら、きょうからできそう。

上野：ええ、ぜひ。しばらくはそれでストレス解消して、休みが取れたら旅行に行ってください。

田中：そうねえ。インドに行ってみたいから、きょうは早く帰って、カレーでも作ろう。何か楽しくなってきた。

〈質問〉（○が正解）

1．上野さんが田中さんにしょうかいしたストレス解消の方法はどんなことですか。

　ⓐ．料理の材料を切るなど、短い時間でも何も考えない時間を作ること

　ｂ．料理や旅行などのしゅみを持って楽しい時間をすごすこと

　ｃ．長い休みをとって旅行に行くなど、リラックスすること

　ｄ．インドのカレーをおいしく作るために、味のけんきゅうをすること

2．田中さんはこの後、何をしますか。

　ａ．会社で仕事をつづける

　ⓑ．家でカレーを作る

　　ｃ．インド旅行のよやくをする
　　ｄ．休みを取ることを会社とそうだんする

 音読しましょう

解答例

A 〈質問〉

１．最近いそがしくて旅行に行けないからです。

２．料理がストレス解消にいいという話をしました。

３．ほかのことを考えなくなります。

４．少しでも何も考えない時間を作ることがストレス解消になるからです。

５．料理をすると言っています。

B

　　同じ職場で働く田中さんと上野さんがストレスについて話しています。田中さんは、最近いそがしくて、旅行に行けないから、ストレスがたまると言っています。上野さんは自分の友だちの話をして、料理がストレスの解消にいいと言いました。やさいをいっしょうけんめい切っていると、ほかのことは考えなくなるからです。私たちはいつも何かを考えているから、少しでも何も考えないで、頭を休ませる時間を作ると、ストレス解消になるそうです。田中さんは料理が好きではないようですが、きょうからやってみると言っています。

 **書きましょう**

　　自由記述

第7課　友だち

テーマと学習目標

　日本語には「友だち」を意味する言葉がたくさんあります。本文に書かれているような「知り合い」「仲間」「親友」以外にも、仲良し、相棒、幼馴染、連れ、茶飲み友だち、ママ友等々、新しい言葉もどんどん生まれます。それはやはり「友だち」という言葉だけでは表せない様々な関係、付き合い方があるからでしょう。この課では、「友だち」をテーマに人との関係や付き合い方について意見を伝え合うことが目標です。

 この課で学ぶこと

　「友だち」とは何かについて、自分の考えを伝えましょう。そして、その理由も説明しましょう。

　少し抽象的な話題ではありますが、学習者にとって「友だち」とはどんな人か、いっしょにどんなことができればいいかなど、これまで付き合ってきた数々の友人を頭に描いて、自分の考えを整理しながらそれを言葉にしていく練習ができるといいでしょう。

テーマの展開

 いっしょに考えましょう

　親しい友だちや最近知り合った人を具体的に思い描くような質問をしています。そして、「友だち」を表す語の違いを考えてもらいます。

 読みましょう

　「友だちって何だろう」というタイトルで、「友だち」を表す語の違いや「友だち」の数をどう考えるかという問いかけをしています。答えは一様ではありませんので、読み終わった後に、少し意見交換をしましょう。

— 43 —

 **聞きましょう**

　最近は SNS やアプリなどを使って、知らない人と親しくなることも多くなりました。それについてどう思うか、考えの違う留学生二人が話しています。ここでも学習者に考えを聞いてみるといいでしょう。

 **わいわい話しましょう**

　ペアかグループで活動します。Ａは「友だち」の定義を考える活動をします。まず、クラスの一人一人が「友だち」の定義を考えます。そして、ペアで意見交換をしながら、定義を完成させます。その後二つのペアが一つのグループを作り、それぞれのペアが考えた定義を発表し、質問などをし合い、考えを深めます。最後にもとのペアで、もう一度定義の修正を行います。そして、最終案をクラス全体でシェアします。Ｂは自分が「親友」と考える友人を紹介する活動です。インタビューやスピーチ、プレゼンテーションなどの活動ができます。必要に応じて、ルーブリックや振り返りなどで評価しましょう。

日本語力を高める工夫

 **覚えましょう**

使い分ける：「〜を使い分ける」という他動詞。文の中では「〜によって〜を使い分ける」〔例：相手によって言葉を使い分ける〕のような形で使われることが多い。「〜によって」は第9課で提出するので、ここでは、「〜に合わせて〜を使い分ける」の形で練習するといい。

なやむ：「〜に／でなやむ」の二つの助詞が使われ、その使い分けが問題になる場合がある。「に」は悩みの対象やテーマを全体的にとらえて表し、「で」は悩みのより具体的な内容を指すようなニュアンスを感じることもあるが、どちらを使ってもいい。最近は「で」の使用が多くやや口語的な印象を受ける。また、「に」はフレーズとしてある程度定着した言い方〔例：「恋に悩む」「人生に悩む」など〕に使われ、これを「で」に言い換えると、やや不自然な印象になる。さらに、「AかBか／疑問の言葉＋疑問文＋か／疑問文＋かどうか悩む」という形もある。

耳にする：このほか、「目にする」「口にする「手にする」といった慣用句も紹

介するといい。

それとも：「Ａ（名詞）、それとも、Ｂ（名詞）」または「Ａ（文）。それとも、Ｂ（文）」の形で使われる。二つのうち、どちらか一方を選択することを問う場合に使われる。

もしかしたら：文末に推量を表す「～かもしれない」が来ることを示す。文を作る練習をするといい。

もとめる：「Ａ（相手）にＢ（話し手が必要とすること）をもとめる」の形だけでなく、「(Ａに)Ｂがもとめられる」のように受身での使用も多い。

それぞれ：「(全体の中の) 個々」という意味の名詞および副詞としての使い方〔例：「昼休みの教室では学生たちがそれぞれ自由に過ごしている」など〕に加え、本文では、「～は人それぞれだ」という表現が使われているので、文を作る練習をするといい。

答えましょう

解答例

１．知り合い、仲間、親友などがあります。

２．「親友」とよぶのは、楽しいときもつらいときも、長い間ずっと関係を続けることができる相手のことです。

３．親しさやいっしょにすごす目的などによって言葉を使い分けているからです。

４．友だちをどう考えるかによって変わると言っています。

５．相手に多くをもとめ、期待しすぎているのかもしれません。

使いましょう

練習のねらいと解答例

A　言葉の意味や定義、話し手の解釈などを述べるときに使う。

　〔解答例〕３．スマホとはスマートフォンのことだ。

B　通常とは違う特別な状況、個別の状況を述べるのに使う。

　〔解答例〕３．パスポートをなくした場合、大使館に知らせてください。

C　原因・理由について、推量したり、婉曲的に述べたりするのに使う。

　〔解答例〕３．いつも時間をまもるリンさんが15分待っても来ない。もしかしたら、何かあったのかもしれない。

D　たくさんの人や物が存在すると言いたいとき、例としていくつかの人や物を取り上げて言う場合に使う。

〔解答例〕3．この教室には中国の学生もいれば、ベトナムの学生もいる。

　　　　　　このホテルにはプールもあれば、ゲームセンターもある。

聞きましょう

スクリプトと解答

　同じクラスのりゅうがくせい、ジョジョさんとリリさんが話しています。メモを取りながら二人の会話を聞いて、質問に答えましょう。

ジョジョ：リリさん、週末どこかへ行きましたか。

リリ：あ、ジョジョさん。週末はね、東京へ行ったんです。好きなアイドルの
　　　コンサートを見に…。

ジョジョ：コンサート、それはいいですね。一人で？

リリ：ええ。でも、東京に同じアイドルが好きな子がいて、いっしょに行きま
　　　した。2か月ぐらい前にSNSで知り合ったんです。

ジョジョ：えっ、SNSで？　じゃあ、はじめて会ったんですか。

リリ：そうです。とてもいい人でした。アイドルのこと、私よりよく知ってて、
　　　すぐ友だちになれました。

ジョジョ：へえ、そうですか。でも、SNSで知り合った人と会うのは、こわく
　　　ないですか。

リリ：そうですね。さいしょはちょっとしんぱいでしたが、年も同じぐらいで、
　　　会ってみて、前より親しくなれたと思います。

ジョジョ：へえ、SNSで知り合って、友だちになることもあるんですね。

リリ：今はそんなの、ふつうですよ。ジョジョさんもやってみたら？　私が友
　　　だちのさがし方を教えてあげますよ。

ジョジョ：いえ、私はいいです。SNSよりじっさいに会って、友だちを作りた
　　　いです。それで、あしたの夜からうちの近くにある日本語教室に行こうと思っ
　　　てるんです。学校のじゅぎょうとはちがう勉強もできますからね。

〈質問〉（○が正解）

１．ジョジョさんはリリさんの友だちの話を聞いて、どう思いましたか。

　　ａ．SNSで友だちを作るのは、便利でいい

　　ｂ．友だちを作るなら、同じしゅみを持った人がいい

　　ｃ．SNS で知り合った人と友だちになれるかどうかしんぱいだ

　　ｄ．SNS で友だちをさがす方法を教えてほしい

２．ジョジョさんはこの後、何をしようと思っていますか。

　　ａ．リリさんに SNS で友だちを作る方法を教えてもらう

　　ｂ．リリさんとアイドルのコンサートに行く

　　ｃ．SNS で知り合った友だちと会う

　　ⓓ．うちの近くにある日本語教室に行く

 音読しましょう

解答例

Ⓐ 〈質問〉

１．リリさんは好きなアイドルのコンサートを見に東京へ行きました。

２．２か月ぐらい前に SNS で知り合いました。

３．SNS で知り合った人と会うのはこわくないか質問しました。

４．さいしょは心配だったが、年も同じぐらいだし、会ってみて、前より親し
　　くなれたと答えました。

５．ジョジョさんは、じっさいに会って友だちを作りたいと思っています。

Ⓑ

　　リリさんは、同じクラスで勉強しているジョジョさんに、週末に好きなアイ
ドルのコンサートを見に東京へ行った話をしました。東京へは一人で行きまし
たが、コンサートへは２か月ぐらい前に SNS で知り合った友だちといっしょ
に行きました。ジョジョさんはそれを聞いて、おどろいています。そして、SNS
で知り合った人と会うのはこわくないか、リリさんに聞いてみました。リリさ
んは、さいしょは心配だったが、年も同じぐらいだし、会ってみて、前より親
しくなれたと話しています。ジョジョさんは、そんな友だちの作り方もあるん
だと思いました。リリさんにジョジョさんもやってみたらいいと言われて、ジョ
ジョさんはじっさいに会って友だちを作りたいから、あしたの夜、近くの日本
語教室に行くつもりだと答えました。

書きましょう

　　自由記述

第8課 コミュニケーション

テーマと学習目標

　この課は「コミュニケーション」がテーマです。携帯電話がスマートフォンに替わり、人とのコミュニケーションのし方が変わりました。会ったり、電話をかけたり、手紙を送ったりして直接やり取りするしか連絡手段がなかった時代から見ると、やり取りの内容やコミュニケーションの取り方、人との関係まで変わってきたように思えます。連絡手段が増えて、いつでもどこでもほかの人とやり取りができる便利さを享受する一方で、人といい関係を作るのに効果的なコミュニケーション上の工夫とはどのようなものか考えます。

 ### この課で学ぶこと

　SNS やメッセージアプリを使って、やり取りをしましょう。

　この課では、日本語で SNS やメッセージアプリを使って、メッセージのやり取りをすることを目標とします。メッセージの言葉や表現、絵文字やスタンプの使い方を工夫するほか、相手によって連絡手段を変える、メッセージを送る時間帯ややり取りの往復回数を考えるなど、マナーについても合わせて考えてみるといいでしょう。

テーマの展開

 ### いっしょに考えましょう

　SNS やメッセージアプリをよく使うか、だれとどんなやり取りをするかなど、学習者の使用状況などを話し合います。また、よく使う絵文字は何を伝えるのに使うか、その効果について考えてもらいます。

 ### 読みましょう

　「伝わるメッセージって？」というタイトルで、短いやり取りの中でもその場

で話しているかのような生き生きとしたメッセージを送る工夫について考えます。学習者が普段心がけていることなどを話してもらうといいでしょう。

 **聞きましょう**

　大学生の二人が年齢や立場の違う人とのメッセージのやり取りについて話しています。仲間同士のやり取りだと気にならないことが気になってしまう大学生に対して、もう一人がアドバイスをしています。

 **わいわい話しましょう**

　ペアかグループで活動します。Ａはクラスの友だちに指示された内容のメッセージを送り、やり取りします。さらに、そのやり取りの中で気づいた工夫やマナー上の問題について話し合うといいでしょう。Ｂは SNS やメッセージアプリ、スタンプや絵文字の利用について情報や意見の交換を行います。普段の使用状況を振り返って、効果的な活用のし方が共有できるといいでしょう。メッセージのやり取りに関するルーブリックを作って評価したり、活動を通して気づいたことなどを振り返ってもらうといいでしょう。

（日本語力を高める工夫）

覚えましょう

コミュニケーション：「コミュニケーションをとる／持つ」など、いっしょに使われる動詞を確認する。

対面スル：「（人）と対面する」という動詞以外に、最近では「対面で＋動詞」という使い方も多い。

手段：〈読みましょう〉では「コミュニケーションの手段として」という形で使われているが、「～を手段とする／～を手段として＋動詞」の形でも使われる。この場合、「～として」の使い方が違うので、注意する。

場：この名詞は、「場が盛り上がる・しらける」のように独立して使われることもあるが、連体修飾を伴い、どのような「場」であるかを説明することも多い。また、「その場で話しているように」という表現については、「メッセージがやり取りされている（その）場」、ここでは SNS やメッセージアプリ上

を指すことを確認する。

むだナ・ニ：本文では「必要がない、なくてよい」という意味で使われる。その
ほか、「～をむだにする／～がむだになる」、「～てもむだだ」のような使い方
があるので、必要に応じて練習に取り入れるといい。

答えましょう

解答例

1．対面だけではなく、電話、ビデオ通話、メール、SNS などがあります。

2．短く簡単な一言で、相手に共感したり、必要な情報を伝えたりします。そ
　　して、ジェスチャーや絵文字やスタンプを使って、おもしろい返事をする
　　人もいます。

3．その場で話しているような短いメッセージがやり取りされます。

4．相手に自分の気持ちが伝わるように効果的に使えばいいです。

5．便利で簡単だと考える人もいれば、むだなやり取りも多くて、めんどうだ
　　という人もいます。

使いましょう

練習のねらいと解答例

A 「名詞＋とともに」「動詞（辞書形）＋とともに」の形を紹介する。「A とと
　もに B」で示される AB 二つの事が①同時進行で変わっていく場合と②A を
　きっかけに B も変わる場合の使い方がある。
　〔解答例〕3．外国の文化が入ってくるとともに、日本の文化が変わりました。

B 「名詞＋として」の形である物／事／人などの用途・役割・立場・資格・特
　徴など、一面を取り上げて示す場合に使う。
　〔解答例〕3．私がそだった地域はお茶の町として知られている。

C 「名詞＋を通して」の形で直接的でなく、間接的に結果に影響を与える要因
　となったことを取り上げて示す場合に使う。
　〔解答例〕3．旅行を通して、その国の文化や習慣を学びました。

D 「名詞＋の代わりに」「動詞（辞書形）＋代わりに」の形で、「ある物／事／
　人などを使わずにほかの物／事／人などを使って同様の行為をする」という
　意味を表す。また、動詞の場合は、「ある行為をせずに、ほかの行為をして同
　様の効果を得る」という意味になる。

〔解答例〕３．来週は土曜日にアルバイトを休むので、その代わりに日曜日に
　　　　　　　アルバイトをすることにしました。
　　　　　　　お店で買い物をする代わりに、インターネットで買い物をする
　　　　　　　人がふえている。

 **聞きましょう**

スクリプトと解答
　大学生のもえさんとはるなさんが話しています。メモを取りながら二人の会話を聞いて、質問に答えましょう。

もえ：ねえ、はるな、ちょっとこれ見て。
はるな：何？　メッセージ？
もえ：これ、アルバイトの店の店長なんだけど、きのういっしょにごはん食べて、帰りに「ありがとうございました」って送ったら、これが来て。
はるな：すごくていねいだね。　絵文字もたくさん使ってるし。
もえ：ていねいすぎるよ。　それで、返事にこまって、もう一回「ありがとうございました」ってスタンプ送ったら、またメッセージが来て、なかなかやり取りが終わらなくて…。
はるな：でも、店長ももえに、「楽しかった」って気持ちを伝えたかったんじゃない？
もえ：そうかな。メッセージって短い文で簡単にやり取りができるから便利なのに。絵文字も多くて見にくいよね。
はるな：文字だけだと、気持ちを伝えるのが難しいから、絵文字を入れたり、スタンプに返事をしてくれたりしたのかもしれないよ。
もえ：そうだね、そうかもね。いつもは短いやり取りしかしないから、めんどうだなって思っちゃった。
はるな：もちろん短い文のほうが便利だけど、私は相手のことを考えて文の長さや絵文字の使い方を変えてるよ。
もえ：へえ。　すごい。　私もこれから気をつけよう。
〈質問〉（○が正解）
１．もえさんは店長から来たメッセージをどう思っていますか。
　ⓐ．文が長くて絵文字も多いし、やり取りが終わらない
　ｂ．とてもていねいで、楽しかったという気持ちが伝わる

　　c．短く簡単にやり取りができて、便利だ

　　d．文字だけで気持ちを伝えるのが難しい

2．はるなさんはメッセージを送るとき、どのように送りますか。

　　a．長くてていねいな文を送る

　　b．絵文字をたくさん使う

　　c．短い文で簡単に書く

　　ⓓ．相手のことを考えて、書き方を変える

 音読しましょう

解答例

Ⓐ 〈質問〉

1．きのう店長とご飯を食べに行ったので、おれいのメッセージを送りました。

2．とても長いメッセージが来て、やりとりもなかなか終わりませんでした。

3．いつも友だちと短い文でやり取りをするので、返事にこまりました。

4．店長はもえさんに気持ちを伝えたくて、ていねいなメッセージを書いたのだと思いました。

5．相手によって、文の長さや絵文字の使い方を変えてみるのもいいとアドバイスしました。

Ⓑ

　大学生のもえさんとはるなさんがメッセージの送り方について話しています。もえさんははるなさんにアルバイトの店の店長から来たメッセージを見せました。もえさんはきのうアルバイトの店の店長とご飯を食べに行き、帰りにおれいのメッセージを送りました。すると、店長からとても長いメッセージが来て、やり取りがなかなか終わりませんでした。もえさんはいつも友だちと短い文でやり取りをするので、返事にこまってしまい、大変だったとはるなさんに話しました。しかし、はるなさんはそのメッセージを見て、店長はもえさんに気持ちを伝えたくて、絵文字を使ってていねいなメッセージを書いてくれたのではないかと言いました。そして、相手のことを考えて、文の長さや絵文字の使い方を変えてみるのもいいのではないかと話しました。

📝 書きましょう

　自由記述

テーマと学習目標

　この課は、「贈り物」がテーマです。日本では、様々な機会に小さな贈り物をします。贈り物には季節ごとのあいさつやお世話になったお礼、記念日のお祝いなど、贈る人からの様々なメッセージが込められています。この課の〈読みましょう〉では、旅行のおみやげをテーマにして、コミュニケーション・ツールとしてのおみやげの効果について考えます。一方、おみやげを含めた贈り物のやり取りは、本来人間関係を良好に保つための社会的行為ですが、気遣いが行き過ぎると、お互いが負担に感じて、煩わしくなってしまうことがあります。この両面について意見交換をするのがこの課の目標です。

 ### この課で学ぶこと

　贈り物について自分のそだった地域の習慣をしょうかいしましょう。贈り物について自分の考えを伝えましょう。

　どの国・地域にも贈り物の習慣はありますが、必要な場合とそうでない場合は違うかもしれません。また、物をやり取りする際の相手への気遣いや煩わしさは、文化的な違いだけでなく、個人的な違いもあるでしょう。文化・習慣の面から贈り物について紹介し、個人の考えを伝え合うことを目標とします。

テーマの展開

 ### いっしょに考えましょう

　旅行のおみやげについて、これまでの経験を尋ねます。また、出身国・地域の贈り物の習慣について尋ねます。

 **読みましょう**

　「みんなにおみやげ」というタイトルで、贈り物をするという行為が人との関係をよくするだけでなく、めんどうだと感じさせる原因にもなるのではないかと問いかけています。読み終わった後に、学習者に意見を聞いてみましょう。

 聞きましょう

　同じ職場で働く女性二人が話しています。おみやげをもらった人が子どものころの思い出を話したところ、おみやげをあげた人は相手に弟がいたことを知り、お互いに少し親しさが増したように感じたという内容です。おみやげのコミュニケーション・ツールとしての一面が伝わるといいでしょう。

 わいわい話しましょう

　ペアかグループで活動します。Ａは出身国・地域の贈り物の習慣について尋ね合うインタビュー活動です。〈いっしょに考えましょう〉でも尋ねましたが、さらに詳しく具体的に説明ができるといいでしょう。Ｂは「お返しをするかどうか」という話題で、贈り物をやり取りする煩わしさに触れます。人間関係を良好に維持するためにどのようなやり取りが適切か、どのような点に気をつけるべきか考えます。

(日本語力を高める工夫)

覚えましょう

ある（調査）：「ある＋名詞」の形で名詞（人・物・こと・時・場所など）についてはっきりとわからない、もしくは、わかっていても言わない場合に使う。学習者が知っている存在を意味する「ある」ではない点に注意。

つまり：ある事象を話し手の解釈で言い換える場合に使う接続詞。この課の〈使いましょう〉Ａで、言い換えの表現「～は～ということだ／ということになる」を練習する際に、合わせて練習するといい。

（旅行）先：「先」には時間的・空間的に物事が進んでいく方向、前方を指す意味があり、様々な使い方がある。ここでは複合語を作る接辞としての使い方

に限定し、「旅／行く／行き／出／あて／届け／嫁ぎ／勤め先」などの語を紹
介する。ほかによく使う語として「取り引き／得意先」があるが、この場合
はやり取りの相手を指す。

答えましょう

解答例

1．「必ず」と「ときどき」を合わせて約90％ぐらいいます。
2．おみやげをもらえるのはうれしいし、旅行先での出来事を聞くのも楽しい
　です。
3．苦手な物や高価な物をもらうことです。
4．「もらってばかりいるのはよくない」と思うからです。
5．人との付き合いがめんどうだからです。

使いましょう

練習のねらいと解答例

A 「文（普通形）＋こと／ということは　文（普通形）ということだ／というこ
　とになる」という形である事象に対する話し手の理解・解釈・判断・評価な
　どを表す。
　〔解答例〕3．学校のとなりのレストランがなくなるということは、昼ご飯を
　　　　　　　　食べる店をさがさなければならないということだ。

B 「名詞＋によると／では、文（普通形）そうだ」の形で、ある情報源からの
　引用・伝聞を表す。
　〔解答例〕3．リンさんによると、新しくできたパン屋はちょっと高いけどお
　　　　　　　　いしいそうです。

C 「動詞（て形）＋てばかりいる」の形で、ある行為を繰り返す様子を表す。
　〔解答例〕3．夫はスマホを見てばかりいて、子どもがないているのに何もし
　　　　　　　　ません。

D 「名詞＋によって（違う／さまざまだ／いろいろだ／変わるなど）」の形で、
　違いが生まれる根拠を示す。
　〔解答例〕3．店にならぶくだものは、きせつによって変わります。

 **聞きましょう**

スクリプトと解答

　同じ職場で働くゆきこさんとみかさんが話しています。メモを取りながら二人の会話を聞いて、質問に答えましょう。

ゆきこ：みかさん、これ、おみやげ。はい。

みか：え、ありがとう。ゆきこさん、どこ行ってきたの？

ゆきこ：大阪。友だちに会ってきたんだ。

みか：あれ？　これ、大阪のおみやげ？　知らなかった。このおかしを作っているのは大阪の会社なんだね。小さいときはよく食べてたけど…。

ゆきこ：そう、よく食べたよね。どこの物か考えたこともなかったけど。大阪のスーパーで見つけて、よく見たら、作っているのは大阪の会社だったのよ。

みか：へえ。これ、今でも売ってるんだ。思い出すなあ。弟も私も大好きで、さいごの一つをどちらが食べるか、よくけんかしたんだ。

ゆきこ：え？　みかさん、弟いるんだ。はじめて聞いた。

みか：話したことなかった？　今りゅうがくしているから、もう1年ぐらい会ってないかなあ。写真見る？

ゆきこ：あ、いいなあ。りゅうがく先からだね。楽しそう。このおかし、買ってきてよかったよ。みかさんに弟がいるのがわかったから。

みか：うん。しばらく顔見てないから、今晩れんらくしてみようかな。このおかしのことも話すね。

〈質問〉（○が正解）

1．みかさんはおみやげをもらって、どんな話をはじめましたか。

　　ⓐ．子どものころおかしを食べた思い出

　　b．子どものころ大阪へ行った思い出

　　c．今いっしょに働いている会社の話

　　d．弟が大阪の会社につとめている話

2．みかさんは今晩、何をしようと思っていますか。

　　a．弟の写真をゆきこさんに見せる

　　ⓑ．弟にれんらくして、おかしのことを話す

　　c．弟のために、おみやげにもらったおかしを買う

　　d．弟とおみやげにもらったおかしを食べる

 音読しましょう

解答例

A 〈質問〉

1．ゆきこさんがみかさんにおみやげを買ってきました。

2．おおさかの会社が作っているおかしだと知らなかったからです。

3．子どものとき、弟とそのおかしをよく食べたことを思い出しました。

4．ゆきこさんはみかさんに弟がいることを知らなかったからです。

5．みかさんの弟の話をはじめて聞いたからです。

B

　ゆきこさんは、同じ職場で親しくしているみかさんにおおさかのおみやげを買ってきました。みかさんはそのおみやげのおかしを見て、おどろきました。おおさかの会社が作っているおかしだと知らなかったからです。子どものとき、そのおかしが大好きで、弟とよくいっしょに食べたことを思い出しました。そのことを話したら、ゆきこさんはみかさんに弟がいることを知らなかったので、おどろきました。弟のことを思い出して、みかさんは今晩弟に連絡して、おかしのことを話してみようと思っています。ゆきこさんは、みかさんの弟の話が聞けたので、おみやげを買ってきてよかったと思いました。

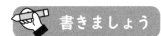 書きましょう

　自由記述

第10課　ペットは家族

テーマと学習目標

　最近はペットを飼う家庭が増え、テレビでも犬や猫などペットの飼い方や付き合い方などを紹介する番組も多く見られます。ペットを飼う家庭が増えたのは少子化が進み、家族が少なくなったためだと言われています。また、ペットと触れ合うことは癒しの効果があり、心身にいい影響があると言われています。ペットへの愛情が深まる一方で、ペットビジネスも拡大しています。高級なペットフードをはじめ、ペット用品も数々売られています。また、ペットの美容院やホテル、保育園や葬儀場などサービスも充実してきました。しかし、果たして当のペットたちはどう感じているのでしょうか。この課では、「ペットは家族」というテーマで、最近のやや行き過ぎた感のあるペットビジネスを考えるとともに、動物を飼うことについて意見を述べ合うことが目標です。

 この課で学ぶこと

動物を飼うことについて、自分の考えを説明しましょう。

　動物を飼ったことがある人もない人もいるでしょう。しかし、ペットを飼うことやペットビジネスは今や社会現象の一つと言えるでしょう。ペットとの良好な関係は心身を健全に保つ効果があると言われる反面、依存が大きくなると、ペットロスのように落ち込みの原因にもなります。また、無責任に飼い始め、簡単に手放してしまう飼い方も問題になっています。動物を飼うことについて、メリット・デメリットの両面を考え、自分の意見をまとめて伝えることが目標です。

テーマの展開

 いっしょに考えましょう

　動物の好き嫌いやペットの有無について尋ねます。そして、スーパーやコン

ビニの一角を占めるペットコーナーの商品について尋ね、学習者の関心度を確かめます。

 **読みましょう**

「ペットはしあわせ？」というタイトルで、ペットビジネスが拡大する一方で、ペットはどう感じているかを問いかけています。読み終わった後に、意見を聞いてみましょう。

 聞きましょう

同じ場所でアルバイトをしている留学生と大学生がペットについて話しています。二人とも動物が好きですが、留学生が犬を家族だと考え、誕生日を祝ったり、服を着せたりしているのを見て、大学生はそれは必要だろうかと考えています。学習者がどちらの立場に近いか、意見を聞いてみましょう。

 **わいわい話しましょう**

ペアかグループで活動します。動物を飼う場合のいい点と気をつけなければならない点について話し合います。最新のペット事情を共有したうえで、話し合うといいでしょう。それぞれの点を整理し、クラスで共有します。また、1・2の質問通りに進めてもいいですが、「動物を飼うのはよいことかどうか」「ペットにお金をかけることをどう思うか」など、ディスカッションやディベートのような活動もできるでしょう。必要に応じて、ルーブリックや振り返りによって評価しましょう。

日本語力を高める工夫

 覚えましょう

無（農薬）：複合語を作る接辞としての使い方を紹介する。「無＋名詞」の形で、いろいろな名詞を入れて語を作る練習をする。

当たり前：「～は当たり前（のこと）だ」〔例：お客さんにていねいな話し方をするのは当たり前だ〕「～は～のが当たり前だ」〔例：お客さんにはていねいな

話し方をするのが当たり前だ〕のような形で文を作る練習をする。

あずかる：「A（人）はB（人）からNをあずかる」〔例：私は友だちからペットをあずかる〕の形を示す。一方で、「A（人）はB（人）にNをあずける」〔例：私は友だちにペットをあずける〕は与える側・受ける側が逆になる点に注意。

マナー：「マナーを守る／やぶる／無視する／に違反する」など、ともに使う語を紹介する。

そそぐ：「AはBにNをそそぐ」という形でいっしょに使う語（N）を紹介する。

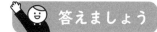 **答えましょう**

解答例

１．無農薬の材料を使ったえさや、いろいろなえいようが入ったえさが売られています。

２．昔は家庭でしつけをするのが当たり前でしたが、今はプロにしつけてもらうこともあります。

３．ペットと人間の関係が近くなったことです。

４．慣れない場所に行かされて家族とはなれるのがさびしいかもしれません。

５．今あるビジネスが本当にペットのためなのかどうか、もう一度考えてみなければならないと言っています。

使いましょう

練習のねらいと解答例

A　動作主がはっきりしないか不特定多数の人であるため、敢えて示す必要のない文、いわゆる「ものの受身」と言われる受身文を練習する。

〔解答例〕３．SNSやメッセージアプリは多くの人に利用されています。

B　いわゆる使役文の練習。「A（人）はB（人）に／を動詞（ない形）＋せる／させる」の形で、Bの求めに応じてAがBの行為を認める場合とAがBにある行為を強いる場合とがある。

〔解答例〕３．子どもには毎日少しでも好きなことを自由にさせる時間を作るようにしています。

この学校では毎日学生に教室のそうじをさせている。

C　「動詞（辞書形／ない形）＋ように」の形で目的・理由を表す。「～ため」と同様の使い方だが、「～ように」とともに使われる動詞は、非意志性の自動

詞、動詞（可能形）および動詞（ない形）である。

〔解答例〕3．やくそくの時間に間に合うように、けさは少し早く家を出ました。

　　　　　　かぜを引かないように、いつもあたたかい服を着ている。

D　いわゆる使役受身文の練習。「A（人）はB（人）に動詞（ない形）＋せられる／される／させられる」の形で、Bの求めに応じてAがやりたくないことをしかたなくやることになる／なったと伝える場合に使う。「動詞（ない形）＋される」という短い形は五段活用（Ⅰグループ）の動詞のみに使われる。

〔解答例〕3．みんなの前で話をさせられるのは、はずかしいのでいやです。

聞きましょう

スクリプトと解答

　同じアルバイト先で働いているりゅうがくせいのエレナさんと大学生のじゅんさんが話しています。メモを取りながら二人の会話を聞いて、質問に答えましょう。

エレナ：じゅんさん、この写真見て。かわいいでしょう。

じゅん：うわあ、エレナさんの犬？　本当だ、かわいいね。けど、犬が服を着てるの？

エレナ：先週この子のたんじょう日だったの。

じゅん：え、犬のたんじょう日？　ぼくもむかし、犬を飼ってたけど、たんじょう日は知らなかったし、服を着せたこともなかったよ。犬に服が必要？

エレナ：はい、かわいい家族ですからね。

じゅん：え、家族？　ペットでしょう。

エレナ：いえいえ、大切な家族よ。それに、私の犬は体が小さくて寒さに弱いから、服が必要なの。着せるなら、かわいい服がいいでしょう。

じゅん：そうなんだ。でも、お金がかかって大変だね。

エレナ：少しかかるけど、それで犬がもっとかわいくなるから、私はしあわせ。

じゅん：そうか。いろいろな考え方があるんだね。

〈質問〉（○が正解）

1．動物を飼うことについて、エレナさんとじゅんさんの考え方は同じですか。

　a．エレナさんもじゅんさんも動物が好きで、考え方も同じだ

　ⓑ．エレナさんもじゅんさんも動物が好きだが、考え方はちがう

　　c．エレナさんは動物が好きだが、じゅんさんはそうではなく、考え方はち

　　　　がう

　　d．エレナさんは動物が好きで、じゅんさんはそうではないが、考え方は同

　　　　じだ

２．エレナさんはどうして犬に服が必要だと考えているのですか。

　　a．たんじょう日だったから、この日だけ服を着せた

　　b．服を着せなければ、かわいく見えないから

　　c．犬のためにお金を使うのは、しあわせだから

　　ⓓ．体が小さくて、寒さに弱いから

 音読しましょう

解答例

Ａ 〈質問〉

１．犬のたんじょう日にとった、自分の犬の写真を見せました。

２．エレナさんは犬を大切な家族だと考えているからです。

３．体が小さくて、寒さに弱いからです。

４．かわいい犬のためだから、だいじょうぶだと言っています。

５．いろいろな考え方があるなと思いました。

Ｂ

　　アルバイト先でりゅうがくせいのエレナさんと大学生のじゅんさんがペット
について話しています。エレナさんはじゅんさんに自分の犬の写真を見せまし
た。先週犬のたんじょう日にとった写真だそうです。そのとき、犬にかわいい
服を着せていました。じゅんさんはエレナさんが自分の犬について話すのを聞
いてびっくりしました。じゅんさんは犬はただのペットだと考えていますが、
エレナさんは犬は大切な家族だと考えているからです。エレナさんの犬は体が
小さくて、寒さに弱いから、服が必要ですが、少しお金がかかります。エレナ
さんは、かわいい犬のためだから、だいじょうぶだと言っています。じゅんさ
んはそれを聞いて、いろいろな考え方があるなと思いました。

書きましょう

　　自由記述

第11課　結婚

テーマと学習目標

　この課のテーマは、「結婚」です。最近は結婚の形も様々にあります。また、結婚願望のない若者が増えるなど、結婚に対する考え方にも変化が見られます。そこで、この課では結婚に対する夢や希望、そして、現実を踏まえ、様々な観点から結婚を考え、自分の人生においてどう位置づけるべきものか、意見を交換します。日本では、同性婚や夫婦別姓が認められていないなど、古くからの家制度に根差した戸籍を重視する考えが依然強く、法的な整備の遅れが指摘されることも多くあります。個人的なレベルから社会的なレベルにも及ぶ話題ですが、あくまで学習者個々の考えを尊重し合えるよう、配慮しましょう。

 この課で学ぶこと

　結婚について、自分の考えを説明しましょう。

　個人の考える結婚観や将来設計について意見を交換したり、出身国・地域の結婚事情を調べて紹介したりする活動を行います。学習者のプライベートにも十分配慮して、話し合いを進めるようにしましょう。

テーマの展開

 いっしょに考えましょう

　一般的な意味で、結婚や家庭を持つことをどう考えるか尋ねます。まずは、関心の度合いを確かめましょう。

 読みましょう

　「結婚しませんか」というタイトルで、あるアンケート調査（出典：読売新聞「日本の若者、どう考えてるの？ …データでみる「結婚」「子ども」観」（令和

元年の内閣府調査に基づく）https://www.yomiuri.co.jp/life/20220608-OYT8T50029/）をもとに、他国との比較において、日本の若者の結婚観に関する最近の傾向を紹介します。結婚を比較的前向きにとらえる一方で、経済的な事情から現実には難しいと考えていることがわかります。そうした現状を踏まえ、さらに意見交換を進めましょう。

 聞きましょう

　同じ職場で働く外国人同士が日本人との国際結婚について話しています。相手の両親からの反対を受けて、どう考えるべきか、これから結婚したい人がすでに結婚している人に相談しています。国際結婚の離婚率は 50% 以上との数字も出ており、現実はそれほど甘くなさそうです。学習者の意見を聞いてみましょう。

わいわい話しましょう

　ペアかグループで活動します。ここでは、出身国・地域の結婚事情について調べ、10年前と現在の状況を比較します。また、その変化に関する分析を加え、発表の形に整えます。調べるのは母語の資料ですが、どのような資料に当たればいいかなど、調べ方についてもあらかじめ確認するといいでしょう。必要に応じて、プレゼンテーションのためのルーブリックを作成するなどして、評価しましょう。

日本語力を高める工夫

 覚えましょう

ふくむ：「〜をふくむ」に加えて、「〜がふくまれる」と受身の形でも使われる。

対象：名詞だが、「〜を対象に（する）」という形でも使う。特に、調査結果の報告などの場合はこの形が使われることが多い。

比較的：「的」という接辞を含むがナ形容詞ではなく、副詞として使う。後ろには動詞よりイ・ナ形容詞が来ることが多い。

どちらかというと：「比較的」と同じ意味。A と B を比べた場合の結果を言うときに使う。

最下位：複合語を作る接辞「最」を含む語だが、ここでは「最」は取り上げない。ただし、調査結果やグラフを説明するときによく使われるので、必要に応じていくつかの語を紹介するといい。

えいきょうスル：「～にえいきょうがある／ない」「A は B にえいきょうを与える／受ける」「A は B にえいきょうする／B は A にえいきょうされる」など、この語を使った形がいろいろある。必要に応じて文を作る練習をする。

 **答えましょう**

解答例

1．50.9% でした。
2．「40 歳ぐらいの自分は結婚していると思いますか」という質問に対して、「そう思う」「どちらかというとそう思う」と答えた人が 58.4% で最下位だったからです。
3．16.7% でした。
4．経済的なことや、家族のあり方に対する考え方が以前とは変わってきていることです。
5．自分のライフスタイルに合った生き方をせんたくすることです。

 **使いましょう**

練習のねらいと解答例

A 「～など」はこの文の主題・トピックを取り上げた言い方で、「～は」と同じ使い方。また、「～も～ない」は否定の意味を強める言い方。「～など」「～も」の現れる位置については以下の例の通り。

　例：①結婚のことを考えたことがない→結婚のことなど考えたこともない。
　　　②人がたくさん集まるところへ行こうと思わない→人がたくさん集まるところへなど行こうとも思わない。
　　　③あの男の顔を見たくない→あの男の顔など見たくもない。
　　　④盲腸はそんなに大した病気ではない→盲腸などそんなに大した病気でもない。
　　　⑤画家だと言うが、田中氏はそれほど有名ではない→画家だと言うが、田中氏などそれほど有名でもない。
　　　⑥インスタント食品はおいしくない→インスタント食品などおいしくも

ない。

　　　⑦金がない→金などありもしない。

　　　⑧息子は新聞を読まない→息子は新聞など読みもしない。

　①は〈読みましょう〉の例で、「～ことがない」を強めた言い方。②③は〈使いましょう〉の例で、「～と思わない」「～たくない」の文を強めた言い方。ここでは、①～③の形を練習する。④は名詞、⑤はナ形容詞、⑥はイ形容詞が述語の文で、主語が「～など」で取り立てられる。また、⑦⑧は動詞が述語の文で、「～も」を使った否定の形は「動詞（ます形）＋もしない」となる。「～など」は主語や対象となる語に付く。④以下はここでは練習しない。

〔解答例〕３．休みの日に仕事のメールなど見たくもない。

B　「過去のある時点でやるべきだったが、実際にはしなかった（ので、今後悔している）」という意味を表す。「～たらよかった」も同じ使い方。「名詞・ナ形容詞＋であればよかった」「イ形容詞＋ければよかった」「動詞（仮定形／条件形）＋ば／ればよかった」の形で使う。

〔解答例〕３．今になって、学生時代にもっと勉強しておけばよかったと思っても、もう遅い。

C　行為や感情が向かう相手または対象を表す。「名詞＋に対して」の形で練習する。「名詞＋に対する＋名詞」〔例：私の質問に対する先生の答えは、あまりわかりやすいものではなかった。〕という形もあるので、必要に応じて紹介する。

〔解答例〕３．私の質問に対して、先生はきちんと答えてくれなかった。

D　「AはBと関係がある」という形で練習する。「と」は「に」に置き換えることもできる。また、「AとB（と）は関係がある／ない」「AはBと（は）関係がない」など形がいろいろあるので、整理して紹介するといい。

〔解答例〕３．子どもはほしくないと考える人が増えているのは、ライフスタイルの変化と関係があるのではないだろうか。

聞きましょう

スクリプトと解答

　同じ職場で働くマイさんとクリスさんが話しています。メモを取りながら二人の会話を聞いて、質問に答えましょう。

マイ：クリスさん、ちょっと相談したいことがあるんですけど、今いいですか。

クリス：あ、マイさん、もちろんいいですよ。どうしたんですか。

マイ：実は、私、今結婚したい日本の人がいるんですけど、その人の親に結婚をはんたいされているんです。

クリス：今でもそんな親がいるんですね。で、どうしてはんたいしているのですか。

マイ：やっぱり文化や習慣が違うと、うまくいかないし、子どもが学校でいじめられるのではないかと言われて。

クリス：そんなことは関係ないと思いますよ。私も日本人と結婚して、大変なこともありましたが、二人でがんばればいいんです。お互いが好きなら結婚したほうがいいですよ。

マイ：そうですよね。私たちも理解してもらえるように、相手の親ともっとよく話したほうがいいですね。

クリス：そうですね。時間はかかるかもしれないけど、マイさんならきっとだいじょうぶですよ！

〈質問〉（○が正解）

1．マイさんはクリスさんにどんなそうだんをしましたか。

　　ⓐ．結婚したほうがいいかどうかについて

　　ｂ．結婚する相手がいいかどうかについて

　　ｃ．結婚した相手の親との関係がよくないことについて

　　ｄ．学校で子どもがいじめられていることについて

2．マイさんはこれから何をしようと思っていますか。

　　ａ．大変なことが多いから、結婚をやめる

　　ｂ．親にはんたいされても関係ないと考えて、結婚する

　　ｃ．日本の文化や習慣をもっと理解できるようにがんばる

　　ⓓ．結婚できるように相手の親とよく話す

 音読しましょう

解答例

Ａ 〈質問〉

1．日本人と結婚したいと思っています。

2．結婚したいと思っている日本人の親にはんたいされています。

3．文化や習慣がちがうとうまくいかないし、子どもも学校でいじめられるからです。

4．自分も日本人と結婚して大変なこともあったが、二人で力を合わせればだいじょうぶだし、お互いが好きであれば、結婚したほうがいいと言いました。

5．日本人の親に理解してもらえるようにがんばろうと思いました。

B

　マイさんは同じ職場で働くクリスさんに結婚についてそうだんしました。今、日本人と結婚したいと思っていますが、その日本人の親に結婚をはんたいされています。理由は、文化や習慣が違うと、うまくいかないことや、子どもが学校でいじめられることなどです。クリスさんはそれを聞いて、自分も日本人と結婚して大変なこともあったが、二人でがんばればだいじょうぶだし、お互いが好きなら、結婚したほうがいいと言っています。それを聞いたマイさんは、日本人の親に理解してもらえるようにもっとよく話したほうがいいと思いました。

 書きましょう

　自由記述

第12課　知っているようで知らないこと

テーマと学習目標

　この課では「知っているようで知らないこと」というテーマで、雑談のもとになるような、身の回りのちょっとした話題について調べて情報共有します。学習者の多くが日常口にしている米を取り上げていますが、少し広げて出身国・地域の「主食」について調べて発表することを目標とします。知っているつもりのことでも、改めて調べてみると、自分が知らなかったことも知ることができます。そんな発見の機会になるといいでしょう。

 この課で学ぶこと

主食について調べたことをほかの人に伝えましょう。

　出身国・地域の主食について調べ、発表します。自分の出身国・地域の主食以外にも、いろいろな食べ物・食べ方があること、土地ごとの気候風土に合わせた物が選ばれていることなど、世界の主食について理解を深めます。さらに、食文化や食糧問題、気候変動などの話題に発展する可能性もあります。クラス内で情報共有や意見交換が活発に行われるといいでしょう。

テーマの展開

 いっしょに考えましょう

　米に関する雑学風のクイズです。クイズの答えは以下の通りです。①ａ．インド（1位中国、2位インド、3位インドネシア、4位バングラデシュ、5位ベトナム）　②ａ．6月（沖縄県）　③ｃ．約3,250つぶ（農林水産省ホームページより「ご飯」に関する質問：https://www.maff.go.jp/j/heya/sodan/1010/kokurui.html）

　そのほか、日ごろよく食べるのはご飯かパンか、そして、出身国・地域の主食について尋ねています。

読みましょう

　「ご飯はお米？」というタイトルで、米のよさ、品種改良による種類の豊富さや生産量の向上について説明しています。一方で、米の消費が減り続けている問題に触れ、米のよさを思い出してほしいと訴えています。

 聞きましょう

　会社の同僚である日本人とメキシコ人が昼休みに「赤飯」について話しています。日本人の同僚が作ってきた「赤飯」に似た米の料理がメキシコにもあるとのことです。米を食べるのは日本だけではありません。いろいろな国・地域の米の話を学習者ともしてみましょう。

 わいわい話しましょう

　ペアかグループで活動します。出身国・地域の主食について調べます。調べるのは母語の資料ですが、どのような資料に当たればいいかなど、調べ方についてもあらかじめ確認するといいでしょう。〈いっしょに考えましょう〉にあるようなクイズを織り交ぜて発表しても楽しいでしょう。必要に応じて、プレゼンテーションのためのルーブリックを作成するなどして、評価しましょう。

（日本語力を高める工夫）

 覚えましょう

なくてはならない：「AはBになくてはならないものだ」の形で文を作る練習をする。この場合、Bが人だとやや不自然な印象〔例：△音楽は私になくてはならないものだ〕になる。この場合は、「AはBにとってなくてはならないものだ」とするか、または、Bを人以外に設定すれば、不自然さは解消される〔例：○音楽は私の生活になくてはならないものだ〕。「〜にとって」は未習のため、Bを人以外の限定的な状況・条件〔例：外国での生活、外国語学習、ストレス解消など〕に設定したうえで、文を作る練習をするといい。

たき立て：1語の扱いだが、「〜立て」は行為が完了したばかりの状態を表し、複合語を作る接辞である。必要に応じて、「作り／やき／揚げ／でき／ぬり立て」などの語も紹介するといい。

（1ぱい）分：分けられた物、一つ一つを数える言い方。もしくは、分けられた物の量に相当することを表す言い方。「1回／1日／1週間／1か月／一人／一皿／一袋／東京ドーム10個分」など、いろいろな例がある。フレーズだけでなく、できるだけ例文を示すようにする。

（一）つぶ：小さくて丸いものを数えるときの和語系の助数詞。「ひとつぶ、ふたつぶ、みつぶ、よつぶ、いつつぶ／ごつぶ、むつぶ／ろくつぶ、ななつぶ、やつぶ／はちつぶ、きゅうつぶ、じゅっつぶ」のように、和語による数え方が含まれる。ただし、使用は限定的なので、1〜5ぐらいの言い方を確認しておくといい。

（へり）続ける：「動詞（ます形）＋続ける」の形で複合動詞になる。文を作る練習をするといい。

答えましょう

解答例
1．おいしいし、安くて経済的です。また、長くほぞんでき、食べ方もいろいろありますし、ほかの食品の原材料にもなります。
2．台風や雪などで気温が低い年です。
3．最初の品種改良が行われ、寒い所でも育つ米ができました。
4．300品種以上、1年に約756万トン生産されています。
5．1年に一人が食べる量は、1962年に約118キロでしたが、2021年は約50キロになってしまいました。

使いましょう

練習のねらいと解答例
A　「文（普通形）とすれば」の形で、実際には起きていないが、ある出来事が起きる／起きたことを想定した場合に予想される結果を述べるときに使う。
　〔解答例〕3．海の温度がさらに上がるとすれば、雨の量や台風の数が増え、食べ物の生産量もへるだろう。

B 通常とは違う場合があることを言うときに使う。

〔解答例〕3．毎朝おべんとうを作って持って行きますが、作らないこともあります。

毎朝乗るバスはだいたい決まった時間に来ますが、おくれることもあります。

C 「それで」は、既出の語とし、〈覚えましょう〉でも取り上げていない。第2課、第3課、第5課〈音読しましょう〉では、その使い方が示されているが、これまでの課を通して接続詞の練習がないことから、この課で取り上げることにした。原因・理由となる事象を前の文で述べ、そこから導かれる結果を「それで」の後の文で述べる。

〔解答例〕3．米の消費がへりました。それで、米を原材料とした新しい商品を作ったり、米を改良したりして、消費を増やす努力をしています。

D ほかの人に対する願望や要求を表す。

〔解答例〕3．新しい商品を作るけんきゅうをするために、会社にもっとお金を出してほしいと思います。

 **聞きましょう**

スクリプトと解答

　同じ職場で働く森田さんとガルシアさんが話しています。メモを取りながら二人の話を聞いて、質問に答えましょう。

森田：ガルシアさん、これ、食べてみてください。

ガルシア：これは何ですか。メキシコにも同じようなご飯がありますけど。

森田：これは「赤いご飯」と書いて、「せきはん」と言うんですよ。きょうは子どものたんじょう日だから、作ったんです。たんじょう日や入学式など、何かいいことがあったら、作るんです。

ガルシア：お子さんのたんじょう日ですか。おめでとうございます。森田さんのお子さんは、何歳ですか。

森田：12歳になりました。

ガルシア：そうですか。このご飯にはまめが入っていますね。メキシコでもまめとご飯はよくいっしょに食べます。じゃあ、ちょっといただきます。

森田：ええ、どうぞ、どうぞ。どうですか。

ガルシア：うん、おいしいです。しお味がいいですね。日本ではあまいおにぎりもあるでしょ。あれはちょっと苦手ですが、これはおいしいです。

森田：あまいおにぎり？　ああ、あれは「おはぎ」、おかしのようなものですよ。おにぎりじゃありません。

ガルシア：おかし？　そうですか。この「せ、せき…」、赤いご飯の作り方を教えてください。私も作ってみたいです。

森田：ええ、「せきはん」ね。後で作り方を書いてあげますよ。

〈質問〉（○が正解）

１．森田さんが作ったのはどんな食べ物ですか。

　　ａ．メキシコでよく食べるまめの入ったご飯

　　ⓑ．まめの入ったしお味の赤いご飯

　　ｃ．まめの入ったあまいおにぎり

　　ｄ．まめとご飯で作ったあまいおかし

２．ガルシアさんはこの後、何をしようと思っていますか。

　　ａ．メキシコ料理の作り方を森田さんに教えてあげる

　　ｂ．森田さんが作ってくれた物をぜんぶ食べる

　　ⓒ．森田さんが作ってくれた物を自分で作ってみる

　　ｄ．森田さんにもう一度この食べ物を作ってもらう

 音読しましょう

解答例

Ａ 〈質問〉

１．昼休みに会社で話をしました。

２．まめの入った赤いご飯をあげました。

３．はい、同じようなご飯があると言っています。

４．子どものたんじょう日だったからです。

５．このご飯の作り方を教えてほしいとたのみました。

Ｂ

　同じ会社で仕事をしているガルシアさんと森田さんが昼休みにご飯を食べています。ガルシアさんは、森田さんが作ってきたまめの入った赤いご飯を見て、メキシコにも同じようなご飯があると言いました。メキシコでも、まめとご飯はよくいっしょに食べるそうです。このご飯は「せきはん」と言って、何かいいことがあったときに食べます。きょうは森田さんの子どものたんじょう日だっ

たので、作ったそうです。このご飯を食べてみて、ガルシアさんはとても気に
入って、森田さんに作り方を教えてほしいとたのみました。森田さんが作り方
を書いてくれると言っているので、ガルシアさんは自分で作ってみようと思っ
ています。

自由記述

〇各課学習目標と活動一覧

各課の学習目標と〈わいわい話しましょう〉の活動内容を一覧にしました。

課	課の目標	〈わいわい話しましょう〉（活動）
1	人や物のようすについて、自分が見たり聞いたり感じたりしたように伝える	Ⓐオノマトペを使った絵の場面の説明 Ⓑオノマトペを使った自分の体験の説明
2	食事のし方やよく食べる物について説明する	Ⓐ食べ物の写真の説明 Ⓑそだった地域の昼ご飯のようすに関するインタビュー
3	・自分がそだった地域のきせつについて説明する ・きせつの思い出についてしょうかいする	Ⓐ日本・そだった地域の行事や生活習慣の紹介 Ⓑ好きなきせつと楽しみ方の紹介
4	外国語を学ぶ理由や学習のし方について説明する	日本語学習の理由、一日の学習時間、得意な技能・苦手な技能、学習法などに関するインタビュー
5	毎日の生活の中で、よく使う物の色や形や使い方などを説明する	Ⓐあったら買いたいと思う商品の説明 Ⓑお気に入りの物についての説明
6	・生活の中でストレスを感じることを伝える ・気分を変えるためにしていることを伝える	ストレスの原因、解消法に関するアドバイス
7	「友だち」とは何かについて、自分の考えを伝える。そして、その理由も説明する	Ⓐ友だちの定義作成 Ⓑ親友の紹介
8	SNSやメッセージアプリを使って、やり取りをする	ⒶSNSやメッセージアプリ上のメッセージ作成 Ⓑ効果的なスタンプや絵文字の使い方、SNSやメッセージアプリ、メールなどの使い分けと使い方に関する意見交換
9	・贈り物について自分のそだった地域の習慣をしょうかいする ・贈り物について自分の考えを伝える	Ⓐ贈り物の習慣に関するインタビュー Ⓑ贈り物やお返しに関する意見交換
10	動物を飼うことについて、自分の考えを伝える	動物を飼うことのいい点、気をつけなければならない点に関する意見交換
11	結婚について、自分の考えを説明する	育った地域のわかものの結婚について調べて発表
12	主食について調べたことをほかの人に伝える	Ⓐ育った地域の主食について調べて発表 Ⓑご飯とパンそれぞれのいい点、よくない点に関する意見交換

〇「日本語教育の参照枠」に示された言語能力との関連

❶この教材の学習段階を示す「言語活動別の目標」

　以下は、文化庁第 3 回認定日本語教育機関の認定基準等の検討に関するワーキンググループ（R5.8.29）の 資料5 から、この教材を使用する学習者のレベルについて抜粋したものです。A2⁺ から B1 にかけて、それぞれの言語活動に関する力および共通とされる総合的な日本語力を伸ばすことを目指します。なお、表内の表記は、原典のままです。

〈3 分野ごとの言語活動別の目標〉

レベル	学習時間[※1]	留学分野における言語活動ごとの目標[※2]				
		言語活動共通				
		聞くこと	読むこと	話すこと（会話）	話すこと（発表）	書くこと
A2	100〜150 時間 134〜200 単位時間	ごく基本的な個人情報や家族情報、買い物、近所、仕事など、直接的関係がある領域に関する、よく使われる分野表現が理解できる。簡単で日常的な範囲なら、身近で日常の事柄についての情報交換に応じることができる。				
		短い、はっきりとした、簡単なメッセージやアナウンスの要点は聞き取れる。ゆっくりと、はっきりと話されれば、身近な話題の会話はおおかた分かる。	非常によく用いられる、具体的で身近な内容の短い簡単な文が理解できる。短い手紙やメールが理解できる。日常の看板や掲示を理解することができる。	あまり苦労しなくても日常での簡単なやり取りができる。招待や提案、謝罪をすることができ、またそれらに応じることができる。他の人の意見に賛成や反対ができる。	人物や日常生活、日課、好き嫌いなどについて、単純な記述やプレゼンテーションができる。その際、簡単な字句や文を並べる。	自分の周りにある日々のいろいろな側面、例えば、人物、場所、学習体験などについて、つながりのある文を書くことができる。
B1	100〜220 時間 200〜294 単位時間	仕事、学校、娯楽でふだん出合うような身近な話題について、共通語による話し方であれば、主要点を理解できる。身近で個人的にも関心のある話題について、単純な方法で結びつけられた、脈絡のあるテクストを作ることができる。				
		学校、余暇などの場面で普段出合う、ごく身近な事柄について、共通語で明瞭に話されたものなら要点を理解できる。話が共通語で、発音もはっきりとしていれば、自分の周りでの長い議論の要点を理解できる。	簡潔な事実関係の文で、自分の専門分野や興味の範囲内のものは、充分に主題を理解できる。個人の手紙を読んで、出来事、感情、希望の表現を理解することができる。	共通語による言葉遣いではっきりとした発音であれば、事実に関した情報をやり取りしたり、指示を受けたり、実際的な問題の解決策を論じたりする、定例の公式の議論に参加することができる。	経験や出来事、将来の夢や希望などを語ることができる。意見や計画に対する理由や説明を簡潔に話すことができる。本や映画のあらすじを話し、感想や考えを発表できる。	短い別々になっている要素を一つの流れに結びつけ、自分の関心が及ぶ身近な話題について簡単な文書を書くことができる。現実のことであれ想像上であれ、最近行った旅行や出来事を記述できる。

[※1]1 単位時間は 45 分。「地域における日本語教育の在り方について（報告）」p.64 において示された学習時間の考え方で示された学習時間数。

[※2]各レベルの目標は「日本語教育の参照枠（報告）」p.23-48「言語活動別の熟達度」、「活動 Can do 一覧」を参考に作成。

❷この教材で習得を目指す言語能力

　以下は「日本語教育の参照枠　報告」（文化審議会国語分科会　令和3年10月12日）に示された コミュニケーション言語能力一覧です。そして、この教材の各課の目標が達成された場合に身につけたり、意識づけたりすることのできる項目に「〇」をつけました。

〈活動Can do〉

理解すること					
聞くこと（受容活動）			読むこと（受容活動）		
	包括的な聴解	〇		包括的な読解	〇
1	他の話者同士の対話の理解	〇	1	通信文を読むこと	〇
2	聴衆の一人として生で聞くこと	〇	2	世情を把握するために読むこと	
3	広報・アナウンスや指示を聞くこと		3	情報や議論を読むこと	〇
4	音声メディアや録音を聞くこと	〇	4	説明書を読むこと	
5	テレビや映画を見ること				

話すこと					
やり取り（相互行為活動）			発表（産出活動）		
	一般的な話し言葉のやり取り	〇		総合的な口頭発表	〇
1	対話相手の理解	〇	1	長く一人で話す：経験談	〇
2	会話	〇	2	長く一人で話す：論拠を述べること	〇
3	非公式の議論（友人との）	〇	3	公共アナウンス	
4	公式の議論とミーティング	〇	4	聴衆の前での講演	〇
5	目的達成のための協同作業	〇			
6	製品やサービスを得るための取引				
7	情報の交換	〇			
8	インタビューすること／受けること	〇			

書くこと	
書くこと（産出活動）	
	総合的な書く活動	〇
1	創作	〇
2	レポートやエッセイ	〇
3	一般的な書かれた言葉でのやりとり	〇
4	通信	〇
5	記録、メッセージ、書式	

〈方略 Can do・テクスト Can do〉

(1) 産出活動の方略	1	計画	○
	2	補償	○
	3	モニタリングと修正	○
(2) 受容活動の方略	4	手掛かりの発見と推論（話し言葉と書き言葉）	○
(3) 相互行為活動の方略	5	発言権の取得／保持	○
	6	協力	○
	7	説明を求めること	○
(4) テクストタイプ	1	ノート取り（講義やセミナーなど）	○
	2	テクストの処理	

〈能力 Can do〉

言語能力			
		言語構造的能力／使える言語の範囲	○
①語彙能力	1	語彙使用領域	○
	2	語彙の使いこなし	○
②文法能力	3	文法的正確さ	○
③意味的能力		※記述文なし	○
④音声能力	4	音素の把握	○
⑤正書法の能力	5	正書法の把握	○
⑥読字能力		※記述文なし	○
社会言語能力			
	1	社会言語的適切さ	○
言語運用能力			
①ディスコース能力	1	柔軟性	○
	2	話題の展開	○
	3	一貫性と結束性	○
②機能的能力	4	話し言葉の流ちょうさ	○
	5	叙述の正確さ	○

〈著者紹介〉

亀田美保（かめだ　みほ）

学校法人大阪YMCA日本語教育センター、センター長。2008年米国Columbia大学大学院夏季日本語教授法コースにてM.A.取得。主な著書：『テーマ別 中級から学ぶ日本語』『テーマ別　上級で学ぶ日本語』『テーマ別　中級から学ぶ日本語 準拠　力を伸ばす練習帳』『テーマ別　上級で学ぶ日本語 準拠　力を伸ばす練習帳』（以上共著、研究社）ほか。

テーマ別 仲間とわいわい学ぶ日本語 Ａ２＋〜Ｂ１ 教師用マニュアル
基礎づくりから自立まで

2023年10月31日　初版発行

KENKYUSHA
〈検印省略〉

著　者	亀　田　美　保	
発　行　者	吉　田　尚　志	
印　刷　所	図書印刷株式会社	

発　行　所　　株式会社　研　究　社

〒102-8152
東京都千代田区富士見 2-11-3
電話（編集）03(3288)7711（代）
　　（営業）03(3288)7777（代）
振替　00150-9-26710
https://www.kenkyusha.co.jp/

© Kameda Miho, 2023
Printed in Japan / ISBN 978-4-327-38492-0　C1081
ブックデザイン：Malpu Design（宮崎萌美）
カバーイラスト：村山宇希